Handbuch für Meditierende

Wie man Knoten löst

Bill Crecelius

Vipassana Research Publications

Vipassana Research Publications
ist ein Imprint des
Pariyatti Verlags
www.pariyatti.org

ISBN: 978-1-681723-36-5 (softcover)
ISBN: 978-1-681723-37-2 (ePub)
ISBN: 978-1-681723-38-9 (Mobi)
ISBN: 978-1-681723-39-6 (PDF)
Library of Congress Control Number: 2020938752

Gestaltung der Titelseite und der Knoten-Illustrationen von www.danielhaskett.com.

Aus dem Englischen von Maximilian Ertl

Inhaltsverzeichnis

Vorwort

Nachdem wir von Dubai gegen 19 Uhr in Mumbai gelandet waren, wurden wir von Freunden vom Flughafen abgeholt und gleich in ihr Lieblingsrestaurant eingeladen. Es war ein angenehmer Abend. Da meine Frau sich unwohl fühlte, brachten wir sie zuerst ins Hotel und setzten unseren Weg dann fort. Die sanfte Abendstimmung blieb vom heftigen Verkehr unberührt, sodass wir, nach 45 Minuten Verkehrschaos, erfrischt und wohlgestimmt am Restaurant ankamen. Dort stellten wir uns trotz all der Unannehmlichkeiten vollkommen zuversichtlich ans Ende einer langen Warteschlange und weder die Hitze noch die uns belästigenden Bettler konnten etwas an unserer Stimmung ändern. Der ganze Abend verlief auf diese Weise.

Mit einem ähnlichen Gefühl von Wohlwollen erwachte ich am nächsten Morgen. Als ich ins Wohnzimmer ging, saßen meine Frau Anne und unser Freund bereits über zwei Tassen Tee zusammen. Sie berichteten mir: "Goenkaji ist gestern Nacht um kurz vor 23 Uhr gestorben." Ohne etwas zu tun, wurde mein Wesen sofort von mettā erfüllt, das nur so aus mir herausströmte.

Wir entschieden uns erst zu meditieren und anschließend zu seiner Unterkunft zu gehen, um ihm die letzte Ehre zu erweisen. Die harmonische Stimmung vom Abend zuvor war immer noch vorhanden, aber jetzt begleitet von *mettā*. Als wir bei der Unterkunft ankamen, sahen wir, dass einige wohl schon seit einigen Stunden auf den Beinen gewesen sein mussten, um alles für eine große Anzahl an Trauergästen vorzubereiten. Da wir früh dran waren, etwa gegen halb 11 Uhr morgens, war alles noch sehr ruhig. Etwa 50 bis 60 Personen saßen auf Stühlen oder auf Baumwoll-Teppichen, die auf dem Boden verteilt waren, und gaben Goenkaji das letzte Geleit. Alle Anwesenden wirkten dabei sehr friedvoll, einige meditierten. Sie waren ein Beispiel dafür, was Goenkaji sein ganzes Leben lang gelehrt hatte.

Wir wurden zu einem Aufzug geführt, der uns vom großen Warteraum im 8-ten in den 13-ten Stock brachte, wo Goenkaji und seine Familie lebten. Dort lag er in einem gläsernen Sarg aufgebahrt, lediglich in ein Tuch gewickelt. Das sollte der letzte Moment sein, in dem ich den Mann sah, der mein Leben so nachhaltig verändert hatte. Wir erwiesen ihm die letzte Ehre und *mettā* floss ohne jeglichen Widerstand.

Von Familienmitgliedern, die zum Zeitpunkt des Ablebens bei ihm gewesen waren, erfuhren wir, dass er bis zuletzt heiter und friedvoll gewesen sei.

Der Grund, weshalb ich dieses Buch geschrieben habe, ist im Wesentlichen, anderen im Kleinen zu helfen, wie er es für mich im Großen getan hat. Er brachte mich auf den Weg des Dhamma und inspirierte mich, so vieles zu tun, von dem ich niemals dachte, dass es in meinem Leben eine Rolle spielen würde. Zwar habe ich keine hohen Stufen der Erkenntnis erreicht, aber ich habe getan, was ich durch die Unterstützung von Goenkaji und anderen, mit denen ich auf dem Pfad gemeinsam gegangen bin, tun konnte. Dafür bin ich äußerst dankbar.

Danksagung

Ich möchte all denen danken, die mir beim Schreiben des Buches eine Inspiration waren und mir bei der Überarbeitung geholfen haben. Als erstes danke ich meiner Frau, die das Manuskript viele Male durchgelesen hat. Kim Johnston, mein alter Freund aus Australien, hat mich ebenfalls unterstützt und bei der Textbearbeitung eine vorbildliche Arbeit geleistet. Als ich das Manuskript zurückbekam und manche der Wörter in die britische Schreibweise geändert worden waren, musste ich schmunzeln, wusste aber nicht sofort, wie ich diese Änderungen wieder rückgängig machen konnte.

Seit vielen Jahren begleitet mich Robin Curry, wenn es um die Bearbeitung von Texten geht. Wenn sie an die vielen Möglichkeiten dachte, mit denen ich das königlich-britische Englisch verstümmeln konnte, erhielt ich bei so manchen Anfragen heftigen Protest. Trotzdem hat sie es immer durchgestanden und natürlich war sie auch dieses Mal wieder für mich da. Danke Robin.

Danken möchte ich ferner Bharathram Sundararaman, der als Freiwilliger für Pariyatti arbeitet, mein offizieller Lektor war und viele hilfreiche Vorschläge hatte, um das Buch zu verbessern. Trotz eines sehr beschäftigten Arbeits- und Familienlebens nahm er sich, wie so viele Dhamma-Helfer, die Zeit, dieses Handbuch für Meditierende zu überarbeiten, so auch Brihas Sarathy und Adam Shepard von Pariyatti sowie Virginia Hamilton. Bedanken möchte ich mich auch bei Daniel Haskett für die Gestaltung der Titelseite und die Knoten-Illustrationen sowie bei Rick Crutcher und Paul und Susan Fleischman für das Lesen der frühen Versionen des Manuskripts und die Anregungen, die mich auf einen besseren Weg brachten.

Einleitung

Ich habe es geschafft, meine Praxis aufrecht zu halten und sie zu festigen. Meine Erfahrungen dabei möchte ich gern mit Ihnen teilen. Über die Jahre, in denen ich zunächst als alleinstehender Mann in einer Gegend, in der ich keine anderen Meditierende kannte, dann in einer Gegend mit vielen anderen Vipassana-Meditierenden, mit denen ich befreundet war und schließlich als verheirateter Mann mit einer Dhamma-Partnerin lebte, habe ich mein Leben in eines mit Dhamma gewandelt.

Der Weg des Mönches ist vornehm und erhaben und es wird gesagt, dass er klar, eben und einfach zu gehen ist. Er ist frei von Unreinheiten, es gibt dort keine Stolpersteine, keine scharfen Felskanten oder Dornen. Unglücklicherweise trifft das für uns "normale" Menschen nicht zu. Unsere Leben sind voller Verpflichtungen, Arbeit, familiären Bindungen und Hypothekenzahlungen. Anders als bei den Mönchen ist unser Weg voller weltlicher Hindernisse und Ablenkungen. Ich denke, ein *Handbuch für Meditierende* könnte Vipassana-Schülern deshalb bei dem Beschreiten des Weges der Reinigung eine große Hilfe sein.

Da Sie dieses Buch lesen, gehe ich davon aus, dass Sie einen Vipassana-Kurs mit entweder Goenkaji oder einem seiner Assistenzlehrer absolviert haben. Ob Sie erst vor kurzem einen Kurs gesessen haben oder bereits vor einigen Jahren, anschließend die Praxis aber nicht aufrecht halten konnten, so oder so sollte dieses Buch Ihnen nützlich sein und Sie dabei unterstützen in der Technik zu wachsen. Den größten Nutzen werden Sie allerdings aus diesem Buch ziehen können, wenn Sie dieses Buch mit der ernsthaften Absicht lesen, diese Meditationstechnik in Ihrem Leben zu etablieren und dafür auch zu Anstrengungen bereit sind.

Aus meinen Jugendjahren bei den Pfadfindern kann ich mich noch immer gut an das Pfadfinder-Handbuch erinnern, das alles beinhaltete, was man als guter Pfadfinder zu wissen brauchte. Als Erwachsener wurde ich Leiter einer Pfadfindergruppe und kam wieder mit dem Handbuch in Kontakt. Mir wurde klar, was für ein wertvolles Werkzeug es für jeden Pfadfinder darstellte, denn das ganze relevante Wissen war in diesem kleinen Buch zusammengetragen.

Im Verlauf der Jahre, in denen ich weiter Vipassana praktizierte und auf dem Dhamma-Pfad voranschritt, fragte ich mich, ob es nicht großartig wäre, ein solches Buch auch für Meditierende zu haben. Es würde einem nicht zeigen, wie man Knoten bindet, sondern wie man die Knoten des Verlangens, der Ablehnung und Unwissenheit in unserem Geist löst. Für jemanden, der dem Weg des Dhamma folgen will, wäre es ein sehr nützliches Werkzeug.

Glücklicherweise, oder man könnte sagen wegen guten Karmas, kam ich bereits in den frühen Jahren meiner Meditation mit vielen hilfsbereiten Menschen in Kontakt. An vorderster Stelle steht mein Dhamma-Vater Goenkaji, der mir die Richtung gewiesen und mich bis zu seinem Tod im Jahr 2013 geleitet hat. Ich hatte auch großes Glück, mehrere Schüler von Sayagyi U Ba Khin, die ebenfalls Lehrer geworden waren, kennen zu lernen.

Manche reichten mir bei diesem lebenslangen Projekt, Knoten zu lösen, die Hand. Von ihnen habe ich viel gelernt.

Zusätzlich schätze ich mich glücklich, mit vielen weiteren Schülern von Sayagyi in Kontakt gekommen zu sein, die, obwohl sie große Fortschritte auf dem Pfad gemacht haben, nicht zu Lehrern ernannt worden waren. Auch sie teilten mit mir, was sie von Sayagyi gelernt hatten, nicht in irgendeiner formellen Weise, sondern über viele Jahre durch Gespräche und als Vorbilder.

Natürlich gab es auch viele Dhamma-Freunde, deren Zahl so groß ist, dass sie hier alle aufzuzählen oder von ihren Erfahrungen, die sie mit mir teilten, zu berichten, unmöglich ist. Von manchen lernte ich hilfreiche Dinge, bei anderen lernte ich aber auch durch ihr schlechtes Beispiel, wie es manchmal der Fall war. Für diejenigen tut es mir leid, aber nichtsdestotrotz bin ich ihnen dankbar.

Der wichtigste Lehrer aller Zeiten war der Buddha. Er entdeckte den Pfad, auf dem wir gehen und anstatt ihn für sich selbst zu behalten, teilte er ihn mit allen, die zu ihm kamen. Heute, nach all den Jahren, wird seine Lehre immer noch durch eine Linie von Lehrern weitergegeben.

Über so viele Jahrhunderte und so viele Generationen gab es unzählige Menschen, welche die Lehre bewahrt haben, direkt und indirekt, und das alles zum Wohl der zukünftigen Generationen! Wie viele Lehrer gab es? Wir wissen, dass es in den ca. letzten hundert Jahren vier gab (Ledi Sayadaw, Saya Thetgyi, Sayagyi U Ba Khin und Goenkaji). Über die letzten 2500 Jahre müssen in der Linie der Lehrer also ungefähr 100 Personen gestanden haben. In dieser Größenordnung liegt die Zahl der *ācariyas* (Lehrer), die uns von dem Buddha trennen. Wie glücklich wir uns schätzen können, dass diese wundervollen, reinen Menschen dieses Juwel geteilt haben, sodass wir auch heute noch davon profitieren können.

Die Technik hat sich dabei der Zeit angepasst. Als der Buddha lebte und für eine kurze Zeit danach, wurde die Lehre von einer großen Zahl von *arahants*, vollständig Befreiten, von jeglicher Unreinheit bewahrt. Mit der Zeit erhielten die Mönche von den Laien auf formellere Art und Weise Unterstützung und die buddhistische Religion bildete sich. Die Meditationstechnik aber wurde immer noch fast ausschließlich von Mönchen an Mönche weitergegeben. In unserer Tradition war es der ehrwürdige Ledi Sayadaw, der die Lehre an den Bauern Saya Thetgyi weitergab, welcher schließlich der erste Laien-Lehrer wurde und somit die Linie von Mönchs-Lehrern durchbrach. Dies sollte sich als als brillanter Zug herausstellen. Mit dem Anbruch des 20. Jahrhunderts, der Industriellen Revolution und dem Aufkommen von Computertechnik kam eine komplett neue Welt zum Vorschein: Eine neue Art und Weise der Überlieferung des Dhamma wurde benötigt. Saya Thetgyi, Sayagyi U Ba Khin und S.N. Goenkaji, alles Laien-Lehrer, setzten die Aufgabe, die Ledi Sayadaw ihnen mit auf den Weg gegeben hatte, in einer erstaunlichen Weise und Substanz um; und die Welt profitierte davon sehr.

Heute haben wir das Glück, dass weltweit Zentren existieren, in denen Menschen die Lehre des Buddha bequem und an einfach zu erreichenden Orten, meist in der Nähe großer Städte, erlernen können. Die Lehre wird dort leicht verständlich dargeboten und eine große Anzahl an Dhamma-Helfern gibt ihre Zeit und ihr *mettā*, damit mehr Menschen mit dem Dhamma in Kontakt kommen können.

Möge ihr Weg eben und klar sein. Mögen sie glücklich sein. Mögen sie die völlige Erleuchtung erlangen!

Um die Sache klarzustellen

Vor Kurzem realisierte ich in einem Gespräch mit einem Freund, dass dieses Buch den Eindruck erwecken könnte, dass alles, was ich tue, sei zu meditieren. Sozusagen wie ein Mönch, der sich nur nicht so kleidet. Obwohl es mir sehr wichtig ist, Zeit für die Meditation beiseite zu legen, ist mein Lebensstil weit von dem eines Mönches entfernt.

Seit ich zu meditieren begonnen hatte, gab es drei Phasen in meinem Leben. Die erste Phase war die des Reisens und des Meditierens, in der ich mich voll und ganz dem Dhamma-Service widmete. Zu jener Zeit, als ich mit Vipassana in Kontakt kam, war ich viel in Indien und Myanmar unterwegs, wo ich Kurse saß und bei Kursen mithalf. Dies nahm damals einen wesentlich größeren Teil meines Lebens ein, als es heute tut.

Ich heiratete und wir bekamen einen Sohn. Das war der Beginn der zweiten Phase, in der ich für 27 Jahre in verschieden Jobs arbeitete und alles tat, was ein normaler Vater und Ehemann tut, mit der Ausnahme, dass ich zweimal täglich meditierte und in der Regel jedes Jahr einen 20-Tage-, 30-Tage- oder 45-Tage-Kurs besuchte. Ich habe auch ein paar Häuser komplett umgebaut, ein paar Gebäude errichtet und interessierte mich für viele Dinge, wie zum Beispiel Gartenarbeit, Tischlerei,

Holzarbeit, Pāli und so weiter. Ich saß also nicht herum und beobachtete meinen Bauchnabel.

Dazu kamen Familienaktivitäten, wie z.B. zu Fußballspielen zu gehen, sich um die Hausaufgaben der Kinder zu kümmern, bei den Pfadfinder, auf Campingausflügen und in Schulprojekten mitzuwirken.

Phase drei begann, als wir in Rente gingen und anfingen "hauptberuflich" dem Dhamma zu dienen, wobei die oben genannten Dingen weiterhin stattfanden, wie bisher.

Als Meditierender muss man nicht zurückgezogen leben. Genießen Sie die weltlichen Aspekte des Lebens und kommen Sie Ihren Verantwortlichkeiten nach, aber fokussieren Sie sich darauf, das Dhamma in Ihr Leben zu integrieren. Es ist machbar. Das Dhamma wird Ihnen die nötige Energie geben, um alles zu tun, was Sie tun müssen und noch vieles mehr.

Zum Einstieg

Sie haben die für Sie zugänglichen Feinheiten des Geistes und des Körpers nun durch einen 10-Tages Kurs in der Vipassana-Meditation erfahren.

Auch wenn Sie zu Anfangs lediglich an der Oberfläche gearbeitet hatten, konnten Sie in nur zehn Tagen den Geist von einer groben Ebene auf eine sehr viel feinere bewegen. Sie erfuhren dabei aber auch etwas anderes: Die moralischen Grundsätze und deren Einhaltung halfen Ihnen dabei, Ihren Geist zu beruhigen, sodass Sie in der Lage waren, tiefer zu gehen.

Wer hätte das für möglich gehalten? Unmittelbar vor den Toren des Zentrums nahm die Welt mit all dem Chaos und ungezügeltem Verhalten weiterhin ihren alltäglichen Lauf. Sie aber lebten in einem Kokon, in den Sie sich mit der Hoffnung begeben haben, etwas Hilfreiches zu erlernen. Wer hätte gedacht, dass ein tugendhaftes Leben, verbunden mit einer 2500 Jahre alten Meditationstechnik, Ihnen die Gefühle von Zufriedenheit, Ruhe, Freude und Wohlwollen für andere, wie sie es am Ende des Kurses gefühlt haben, geben würden.

Sollte seit Ihrem letzten Kurs bereits einige Zeit vergangen sein, ist es gut möglich, dass die Gefühle, die Sie am *mettā*-Tag wahrgenommen haben, in Ihrem Geist nicht mehr sehr präsent sind. Wenn Sie jedoch gründlich darüber nachdenken, können Sie sie zurückholen. Ich erinnere mich an eine Autofahrt mit einem Kunden, der mir sagte, ich käme Ihm bekannt vor. Ich hatte dasselbe Gefühl und im Gespräch kam dann heraus, dass er an einem der ersten Kurse in den Vereinigten Staaten, als Goenkaji auch außerhalb von Indien tätig wurde, teilgenommen, aber seitdem nicht weiter praktiziert hatte. Er sagte: "Um ehrlich zu sein war das die tiefgreifendste Erfahrung, die ich jemals gemacht habe." Diesen Ausspruch habe ich in der Vergangenheit von vielen Menschen gehört, die einen Kurs gesessen hatten, dann aber die Praxis nicht beibehalten haben. Die Erfahrung ist immer noch fest in ihrem Gedächtnis als etwas so Besonderes verankert, dass es sich von allem anderen Erlebten abhebt.

Ein anderes Mal habe ich mit einer alten Schülerin zu Mittag gegessen und sie klagte darüber, wie schwer es sei, die Kontinuität der Praxis aufrecht zu halten. In diesem Moment war ihr nicht mehr bewusst, wie sehr sie bereits von der Technik profitiert hatte. Alte Gewohnheiten und der Alltag hatten sie eingeholt. Als ihr klar wurde, wie oberflächlich ihr Gejammere war, sagte sie: "Manchmal vergesse ich einfach, wie gut es tut zu meditieren und wie positiv die Auswirkungen sind, die ich dadurch erfahre."

Vipassana bindet Sie auf eine positive, bewusste und moralische Art und Weise in die Gesellschaft ein und führt dazu, andere Menschen genauso zu lieben, wie man sich selbst liebt. Um auf dem Pfad fortzuschreiten, ist das Verständnis der Unbeständigkeit (*anicca*) unerlässlich. Es wird Sie schließlich zum letztendlichen Ziel führen, aber dafür müssen Sie sich anstrengen.

Ein häufiger Grund, weshalb Menschen nach einem Kurs das Meditieren nicht fortführen, ist das

Nachlassen der konkreten Wahrnehmung der sich ständig verändernden Natur der Empfindungen (*anicca*). Der Alltag, mit all seinen äußeren Reizen bringt einen leicht aus dem Gleichgewicht und bald ist alles, was man über *anicca* gelernt hat, vergessen. Auch da Ihr *sila,* Ihre Tugenden an Stärke verlieren, lässt die Wahrnehmung von *anicca* nach und ohne die Wahrnehmung von *anicca* werden die Stunden auf dem Meditationskissen unerträglich. Wie jene Stunden zu Beginn eines Kurses werden sie zu einer endlosen Schufterei. Wenn Sie nicht auf der Hut sind, wird Ihnen dieser wertvolle Edelstein letztlich entgleiten.

Während meines ersten Vipassana-Kurses kam es mir so vor, als hätte ich mein ganzes Leben immerzu durch einen Nebelschleier geblickt, der sich nun langsam zu lüften begann. Man beginnt Helligkeit hinter diesem Schleier wahrzunehmen, so ähnlich, wie wenn man einige Zeit über den Wolken geflogen ist und nun das Flugzeug in den Sinkflug geht. Erst einmal wird es dunkel und diesig, aber man weiß, auf der anderen Seite der Wolkenschicht erwartet einen der Sonnenschein. Sie haben nun ein Werkzeug, mit dem Sie diese Wolken beseitigen können.

Sie erleichtern sich dabei die Arbeit, wenn Sie Ablenkungen, die Ihnen das Gehen auf dem Pfad des Dhammas erschweren, beseitigen. Quellen potentieller Ablenkung sind vielfältig und es ist hilfreich, wenn Sie sich jetzt, da die Erfahrungen des letzten Kurses noch frisch sind, damit auseinandersetzen. Auch wenn Ihr letzter Kurs bereits eine Weile her sein sollte, ist es ratsam diesen Schritt zu machen. Ist Ihr Geist nicht scharf und aufmerksam, arbeiten Sie mehr mit à*nāpānana*. Nehmen Sie erneut an einem Kurs teil. Das wird Ihnen den nötigen Schwung geben.

Die Zentren sind speziell für Meditationskurse ausgelegt und die Abläufe und auch die Gestaltung wurden dementsprechend angepasst. Die Erfahrungen vieler Schüler sind dabei mit eingeflossen. Wenn Sie es schaffen, von diesen Erfahrungen ein klein wenig auch nach einem Kurs noch zu profitieren und davon etwas in Ihren Alltag zu übernehmen, wird Ihnen das zu Gute kommen. So haben Sie etwas, an dem Sie sich in Ihrem manchmal sehr turbulenten Berufsleben festhalten können. Sozusagen einen Ort, an dem Sie Ihre Erinnerung an diese Erfahrung wieder auffrischen können.

Tägliches Meditieren

S ich täglich die zwei Stunden für die Meditation zu nehmen ist so wichtig, man kann nicht oft genug darauf hinweisen. Wenn Sie dies nämlich nicht tun und Sitzungen auslassen, wird es Ihnen mit der Zeit schwerer fallen zu meditieren. Vor Ihrem ersten Kurs war Ihnen die Existenz der vielen Körperempfindungen, die Sie innerhalb von zehn Tagen wahrzunehmen lernten, vermutlich gar nicht bewusst. In wenigen Tagen fand eine Transformation statt und nun können Sie im gesamten Körper Empfindungen spüren. Um diesen Zustand eines dharmischen Bewusstseins aufrecht zu erhalten, ist kontinuierliches Meditieren notwendig. Nur so lässt sich die Reinheit, die man erarbeitet hat, erhalten. Diese zwei Stunden täglich, morgens und abends, sind daher absolut notwendig.

Vermutlich ist Ihnen aufgefallen, dass Ihnen das Meditieren nach Ihrer Heimkehr mehr Schwierigkeiten bereitete, als noch während des Kurses. Unter Umständen haben Sie eine Veränderung in der Atmosphäre bereits beim Verlassen des Zentrums festgestellt. Wenn Sie anhalten, um zu tanken oder eine Zeitung aufschlagen, wenn Sie sich ein Eis oder ein Getränk kaufen, sind die Gedanken über das Dhamma womöglich bereits verflogen. Sie befinden sich nun nicht mehr an einem Ort, an dem Tausende für viele Jahre Meditation praktiziert haben. Ablenkungen entstehen beinahe unmittelbar. Das sind alles normale Vorgängen, die aber zeigen, dass die Atmosphäre des Zentrums im Nu in Vergessenheit geraten kann. Wenn Sie ernsthaft in der Technik wachsen wollen, ist es wichtig, dass Sie sich einen Ort im Geiste des Dhammas schaffen, abseits vom alltäglichen Geschehen.

Mit diesen Gedanken im Hinterkopf ist das Einrichten eines Platzes für das tägliche Meditieren der erste Schritt, um in der Praxis Fuß zu fassen. Wie Goenkaji im letzten Vortrag im 10-Tage-Kurs rät, ist es dabei gut, immer am selben Ort zu meditieren. Wenn möglich, sollte dieser ruhig und vom üblichen Treiben im Haus ein wenig separiert sein. Ein eigens für die Meditation vorgesehener Raum, z.B. eine große, ungenutzte Kammer - zumindest in meinem Haus nur schwer zu finden - wäre ideal. Wenn so etwas nicht zur Verfügung steht, ist ein nur wenig genutzter Bereich in Ihrem Schlaf- oder Arbeitszimmer gut genug. Im Prinzip genügt jeder Ort, an dem Sie Kissen, Decke, Wecker usw. liegen lassen können, ohne dass sie im Weg umgehen. Eine Liste mit Ideen finden Sie am Ende des Buchs (Anhang I).

Es ist sehr wichtig, einen Ort zu schaffen, an dem Sie zweimal täglich meditieren können. Über die Jahre wird sich die unmittelbare Umgebung mehr und mehr mit Dhamma-Schwingungen und *mettā* füllen, sodass es Ihnen dort leichter fallen wird zu meditieren, als wenn Sie den Ort ständig wechseln würden.

Sie haben sich dazu entschieden, in Ihrem Leben eine wichtige Veränderung vorzunehmen und dadurch, dass Sie einen Ort ausschließlich für die Meditation geschaffen haben, ermöglichen Sie sich mit der Zeit, eine Gewohnheit zu entwickeln. Das soll der Ort sein, an dem Sie Ihren Geist reinigen. Das ist der Ort, an dem Sie ungestört den Pfad des Dhamma beschreiten können. Dieser Ort wird Ihnen helfen die Richtung beizubehalten und keine Sitzung zu vergessen. Alles steht dort für Sie bereit. Es ist wie eine immer zur Verfügung stehende Dhamma-Halle.

Wie Sie vermutlich festgestellt haben, hat sich Ihre Wahrnehmung am zehnten Tag, dem *mettā* Tag, mit dem Ende der edlen Stille schlagartig gewandelt. Gedanken bezüglich des Meditierens waren verflogen und Ihre Aufmerksamkeit war sehr nach außen gerichtet. Um halb drei aber fanden sich wieder alle zur Meditation in der Halle ein. Diese Gruppensitzung ist eine sehr wichtige und Sie sollten sie, sobald Sie wieder zuhause sind, noch einmal Revue passieren lassen und verstehen, welche Herausforderungen einem bei der Meditation begegnen können. Als Sie diese Gruppensitzung um halb drei begannen, merkten sie wahrscheinlich sofort, dass Ihre Meditation sich anders anfühlte. Wahrscheinlich war Ihr Geist abgelenkt oder unruhig und es dauerte etwas, bis er zur Ruhe kam. Vielleicht waren da auch Schmerzen und Widerstände. Die Meditation hatte sich verändert, und das, obwohl Sie sich nur für eine kurze Zeit unterhalten hatten. Zum Ende der Stunde hatte sich Ihr Geist vermutlich wieder etwas beruhigt und Sie waren ungefähr auf dem Stand, auf dem Sie sich um 9 Uhr, kurz bevor Sie in die Technik des *mettā* eingeführt wurden, befunden hatten. Bei der 6 Uhr Gruppensitzung konnten Sie Ähnliches beobachten.

Diese zwei Gruppensitzungen sind sehr bedeutsam, denn sie sollen Ihnen einen Einblick geben, was im täglichen Leben, außerhalb des Zentrums, geschieht und weshalb die täglichen Meditationssitzungen von so großer Wichtigkeit sind. Sie sollen Ihnen zeigen, dass das, womit Sie in Ihrer täglichen Meditation konfrontiert werden, natürlich ist und nicht, weil Sie etwas falsch machen. Machen Sie nicht den Fehler und übersehen dieses Detail. Leicht entsteht der Gedanke, dass man gerade nicht meditieren kann oder dass man der Herausforderung nicht gewachsen ist. Dies ist eine sehr gefährliche Situation und vielleicht die gefährlichste überhaupt, die es zu bestehen gilt. In diesen Momenten können undefinierte und unangenehme Empfindungen oder ein wandernder Geist das Verlangen in Ihnen erzeugen, die Meditation abzubrechen. Wenn Sie diesem Impuls aber nachgeben, macht das die Situation nur schlimmer. Durch das Meditieren sind Sie nämlich überhaupt erst in der Lage, die Vergänglichkeit der Empfindungen wahrzunehmen, so auf die richtige Art und Weise zu praktizieren und dadurch letztendlich Ihr Verlangen und Ihre Abneigungen abzubauen. Sie müssen daher bereit sein, jede auftretende Empfindung, egal was es ist, zu akzeptieren und sich davor hüten, Vorlieben für diese oder jene Empfindung zu entwickeln. Die Empfindungen mit einem ausgeglichenen Geist zu beobachten, das ist Gleichmut.

Hier ein Beispiel aus meinem eigenen Leben: Nachdem ich nach Jahren auf Reisen in die USA zurückkehrte, entschied ich mich nach Berkeley, Kalifornien, zu gehen. Ich wusste, dass dort viele andere Meditierende lebten, die auch erst kürzlich aus Indien zurückgekehrt waren und ich wusste auch, diese Freunde, die sich ebenfalls auf dem Pfad des Dhammas befanden, würden mich in meiner Praxis unterstützen. Ich bewarb mich auf eine Stelle, für die ich eine Zusage erhielt, mietete eine Wohnung und ließ mich dort nieder. Als ich eines Nachts meditierte, kam ich zur festen Überzeugung, eine Stunde sei bereits

vorüber, also schaute ich auf meine Uhr. Zehn Minuten
waren vergangen, ein Bruchteil einer Stunde. Ich begann
von Neuem und bald glaubte ich, wieder sei eine Stunde
vergangen. Ich war sehr nervös und unaufmerksam.
Wieder blickte ich auf meine Uhr und diesmal waren es
sogar nur fünf Minuten. Dieser Vorgang wiederholte sich
noch einige Male. Glücklicherweise erkannte ich meine
Lage: Wenn ich meinem Geist erlauben würde, solche
Spielchen mit mir zu spielen, deshalb aufzustehen und
mit der der Meditation nach nur fünfzehn Minuten
aufzuhören, wäre ich verloren. Diese Meditationssitzung
fühlte sich an wie eine Ewigkeit und ich hatte den
Eindruck, sie würde niemals enden. Ganze Leben zogen
vorüber, aber ich gab nicht auf. So etwas ist mir danach
nie wieder passiert. Ich habe diesen Geist, der sich nicht
verändern wollte, überwunden. Das sind die Momente,
vor denen Sie sich in Acht nehmen müssen, wenn Sie
zuhause mit Ihrer Praxis beginnen. Der Geist wird gegen
Sie arbeiten und es wird nicht so sein, wie es im Kurs war.

Auch andere Hürden können Ihnen mit dem Beginn
Ihrer täglichen Praxis zuhause und der Kontinuität von
Tag zu Tag begegnen. Manchmal mag es Ihnen in der
Meditation so vorkommen, als befänden Sie sich in einem
dichten Nebel. Es kann auch sein, dass Sie während der
Stunde einschlafen. Das kann morgens oder abends oder
möglicherweise auch beide Male passieren. Wann und
ob es passiert, lässt sich nicht vorhersagen. In solchen
Momenten kann bei Ihnen der Eindruck entstehen,
so wie es auch bei vielen anderen der Fall war, dass Sie
Ihre Zeit mit der Meditation verschwenden. Ich möchte
Ihnen versichern, dass Sie Ihre Zeit nicht verschwenden.
Auch wenn es gerade so erscheinen mag, als wateten Sie
durch Schlamm oder würden durch Melasse schwimmen

und nicht vorwärts kommen, wird diese Wahrnehmung nur vergehen, wenn Sie ausharren. Wie machen Sie das?

Wenn Sie sich in einer solchen Situation wiederfinden und Ihnen bewusst wird, dass Ihr Geist abgeschweift ist, beginnen Sie wieder mit einem möglichst ruhigen Geist. Arbeiten Sie eine Weile mit *ānāpāna* und wenn nötig auch mit etwas stärkerer Atmung, sodass Sie die Atemzüge deutlich wahrnehmen können. Von Zeit zu Zeit werden Sie die Oberhand über diesen unklaren, ziellosen Geist gewinnen und Ihre Aufmerksamkeit auf die Empfindungen richten können und sich deren vergänglichen Natur bewusst sein. Sie werden feststellen, dass sich das Gefühl letztendlich auflöst. Es ist möglich, dass Sie in einer Stunde nur wenige Minuten wirklich wach und klar sind und Ihr Geist tiefer eindringen kann, aber diese Minuten sind sehr wertvoll. Unterschätzen Sie diese nicht. Nutzen Sie sie weise und ärgern Sie sich nicht über das, von dem Sie denken, es verpasst zu haben. Sie haben während der gesamten Meditationszeit gearbeitet, auch wenn es nicht auf die Art war, wie Sie es erwartet hatten. Wenn Sie nicht gleich im Anschluss an die Meditation einen Termin haben und zu diesem Zeitpunkt ihr Geist klar ist, meditieren Sie etwas länger als die eine Stunde. Jeder Moment auf dem Kissen ist wertvoll und wenn Sie Ihren Geist auf das Objekt der Meditation zurückbringen, ohne dabei zu reagieren, dann tun Sie das Richtige.

Noch eine weitere Sache: Es gibt Personen, die genau die gegenteilige Erfahrung machen. In den ersten zehn Minuten ist Ihr Geist sehr klar und aufmerksam, bevor er dann abdriftet, sodass sie nicht einmal mehr oben von unten unterscheiden können. Es macht keinen Unterschied. Meditieren Sie weiter, bringen Sie die Stunde zu Ende. Es ist unmöglich zu wissen, welche Erfahrungen Ihnen in Ihrer Meditation begegnen werden. Das Ziel ist eine vorbehaltlose Beobachtung der Empfindungen, welche auch immer sich gerade manifestieren; das gilt für jede Meditationssitzung. Beobachten Sie die vorhandenen Empfindungen unabhängig davon, wie Sie sich gerade fühlen und versuchen Sie dabei, den Zeitraum Ihrer Aufmerksamkeit zu verlängern. Diese groben Erfahrungen sind eine Manifestation von dem, was sich in Ihnen befindet und wenn Sie diese weiterhin mit Gleichmut beobachten, machen Sie Ihren Job. Wenn man genauer darüber nachdenkt, ist es wenig verwunderlich, dass sich Ihr Körper nach einem Tag der ununterbrochenen Konfrontation mit dem Wahnsinn des Alltags wie ein Block Zement anfühlt und Sie Schwierigkeiten haben, Empfindungen wahrzunehmen.

Wenn Ihr Geist also nicht scharf und durchdringend ist, arbeiten Sie, bevor sie mit Vipassana beginnen, länger mit *ānāpāna*. Ein konzentrierter Geist wird Ihnen helfen, ruhiger zu werden und ebenso unterstützt ein ruhiger Geist Ihr *samādhi*. Stellen Sie fest, dass Ihr Geist abschweift, dann arbeiten Sie für eine Weile mit bewusster Atmung. Wenn keines der beiden Hilfsmittel funktioniert, versuchen Sie für einige Minuten mit offenen Augen zu meditieren.

Wie auch immer Sie arbeiten, lassen Sie sich nicht entmutigen. Denken Sie niemals, alles sei verloren, denn wenn Sie mit rechter Bemühung arbeiten, wird jede Meditationssitzung Früchte tragen. Sobald Sie beginnen zu akzeptieren, dass die Erfahrungen jedes Mal unterschiedlich sein werden und nicht mehr etwas erwarten, von dem Sie glauben, das sei "meditieren", haben Sie einen großen Schritt in die richtige Richtung gemacht.

Sobald Sie Ihren Meditationsplatz eingerichtet haben, sollten Sie dies mit Ihrer Familie oder Ihren Mitbewohnern besprechen. Es kann ihnen leicht fallen, Ihre neue Gewohnheit zu akzeptieren, es kann aber auch schwierig sein und Neid hervorrufen, für die Zeit, die Sie sich für sich nehmen. Sagen Sie ihnen, dass Sie diese Meditationstechnik für sich entdeckt haben, dass diese für Sie sehr wichtig ist und Sie von nun an fest vorhaben, zweimal täglich, morgens und abends, je eine Stunde zu meditieren. Wenn Sie sich für die Meditation zurückziehen, wird Ihnen das helfen, Schuldgefühle zu vermeiden. Sobald Ihre Familie oder Ihre Mitbewohner wissen, was Sie tun, werden sie beginnen, Sie dafür zu respektieren, besonders dann, wenn sie positive Veränderungen in Ihnen wahrnehmen können.

Es ist hilfreich zu versuchen, jeden Tag zur selben Zeit zu meditieren. Sie können dies unmittelbar nach dem Aufstehen oder nach Ihrer Morgenroutine tun. Vielleicht brauchen Sie erst etwas Energie und sitzen daher erst, nachdem Sie gefrühstückt haben. Wie auch immer Sie sich entscheiden, es ist am besten, dieselbe Zeit Tag für Tag beizubehalten. So entwickeln Sie eine Routine. Wenn Sie es dem Zufall überlassen, können Sie sich glücklich schätzen, wenn Sie die erste Woche überstehen.

Leben Sie nicht allein, ist es vermutlich am besten, früh morgens, bevor ihre Familienmitglieder oder Mitbewohner aufstehen, zu meditieren. Das Haus oder die Wohnung wird dann noch sehr ruhig sein und Sie werden nicht durch Gespräche abgelenkt und werden auch nicht in solche verwickelt. Andere Menschen können eine große Ablenkung darstellen, vor der man sich in Acht nehmen muss. Auf der anderen Seite können Mitbewohner, die ebenfalls meditieren, Sie in Ihrer

Meditation bestärken und Sie sollten deren Stärke für sich nutzen. Meditieren Sie zusammen wann immer es möglich ist, und versuchen Sie gemeinsam zumindest eine Gruppensitzung pro Tag abzuhalten.

Sie sollten auch Ihren Lebenswandel überprüfen. Besuchen Sie abends, nach der Arbeit, ein Fitness-Studio oder spielen Sie eine Runde Tennis oder machen einen anderen Sport? Wenn Sie nach Hause kommen, gehen Sie für gewöhnlich eine Runde laufen oder schalten Sie in Ihrem Lieblingssessel vor dem Fernseher ab? Was auch immer Sie tun, denken Sie über Ihre Zeit am Abend nach. Wann ist die beste Zeit, um die eine Stunde Meditation unterzubringen? Manche Menschen sitzen am liebsten direkt nach dem Nachhausekommen, andere bevorzugen die Zeit nach dem Abendessen oder vor dem Schlafengehen. Sie müssen diese Entscheidung selbst treffen und das am besten unmittelbar im Anschluss an den Kurs, sobald Sie nach Hause zurückgekehrt sind und der Meditationsplatz eingerichtet ist. Dies erfordert etwas Geschick und Sie müssen sich Ihrer Absichten im Klaren sein. Wenn Sie es auf diese Weise vorbereiten, werden Sie Ihre Absichten auch in die Tat umsetzen.

In Berkeley saßen mein Mitbewohner und ich immer um 6 Uhr morgens und 6 Uhr abends. Das hat sehr gut funktioniert, vor allem auch, da viele Freunde dies wussten und zu diesen Zeiten vorbeikamen, um sich dazuzusetzen. Wie auch immer Sie sich entscheiden, halten Sie an Ihrem Plan fest.

Vor allem ist es sehr wichtig, sich am Abend des Abreisetages, wenn Sie vom Kurs nach Hause zurückkehren, vorzunehmen, eine Stunde zu meditieren. Nur so können Sie, nachdem sie die letzten acht bis zehn Stunden seit Kursende mit solch einer Bandbreite von

Reizen überhäuft wurden, an dem Punkt anknüpfen, an dem Sie waren, als Sie das Zentrum verlassen haben. Mit dieser Meditation am ersten Abend legen Sie den Grundstein für ein Handlungsmuster, welches zu einer stabilen Praxis führen wird.

Ein großes Hindernis

Es gibt eine weitere Thematik, über die Sie sich Gedanken machen sollten. Sie steht so im Widerspruch mit unserer Kultur, dass ich diesen Teil mit meinen eigenen Erfahrungen beginnen werde und Sie dann selbst entscheiden lasse. Es kann der schwarze Stein im Kheer (süßer indischer Reispudding) sein, von dem Goenkaji am elften Tag spricht und weswegen das Kind den ganzen Pudding verschmähte, und das alles nur wegen eines Stücks Kardamom in der Nachspeise. Dieses große Hindernis sind Betäubungsmittel.

Als ich aus meinem ersten Kurs kam, bekam ich mit, dass manche Mit-Meditierenden ihr Haschisch wegwarfen und sich für einen neuen Lebensstil entschieden, während andere sich einen Joint drehten. Drogen und Alkohol sind fester Bestandteil der westlichen Kultur und etwas, das viele Menschen zunächst nicht aufgeben wollen und wichtiger, auch gar keinen Grund dafür sehen.

In den ersten Jahren fand ich heraus, dass, wenn ich getrunken hatte und dann versuchte zu meditieren, meine Wahrnehmung wie die durch ein mit Vaseline verschmiertes Objektiv war, denn Drogen und Alkohol wirken wie Filter. In der Unterhaltungsbranche werden solche Kamerafilter eingesetzt, um das Model oder die Schauspieler, welche ihren Zenit bereits überschritten haben, immer noch attraktiv aussehen zu lassen. Das ist eine falsche Wirklichkeit, die durch Drogenkonsum erzeugt wird.

Man kann die Wahrnehmungsveränderung auch mit den Schaufenster eines Geschäfts, das gerade renoviert wird, vergleichen, welches man weiß beschichtet hat, sodass man nicht ohne Weiteres hineinschauen kann. Manche Dinge lassen sich im Inneren zwar erkennen, aber alles bleibt unscharf. Auf diese Weise beeinflussen Drogen und Alkohol die Wahrnehmung, ähnlich einer Maske, die es nicht erlaubt zu sehen, was sich hinter ihr verbirgt.

Es wird immer wieder gesagt, dass Drogen einer Person zu einem erweiterten Bewusstsein verhelfen sollen. Das ist so aber nicht richtig. Manche Drogen verklären die Wahrnehmung und manche verändern die Wahrnehmung. Es ist nichts, das einem Meditierenden in irgendeiner Art und Weise helfen würde, da, um die Wahrheit zu erfahren, die Wirklichkeit so erfahren werden muss, wie sie ist.

Jemand, der sich selbst betäubt, um Leiden aus der Vergangenheit zu verdrängen, mag zufrieden sein, so zu leben. Die Meditation aber hat zum Ziel, sich von vergangene Leiden, die als Empfindungen wahrnehmbar sind, zu befreien. Mit Vipassana haben wir ein Werkzeug gefunden, das uns hilft, mit der Unbeständigkeit des Lebens zurechtzukommen, aber anstatt dieses Werkzeug sehr scharf zu machen, um damit die Unreinheiten zu beseitigen, machen wir es stumpf, bis es praktisch nutzlos geworden ist.

Als neue Meditierende oder neuer Meditierender müssen Sie diese Entscheidung selbst treffen. Ich war nie sehr gut darin, Ratschläge von denen anzunehmen, die klüger waren als ich, bis ich auf Goenkaji traf. Wäre mein Vater noch am Leben gewesen als ich begann zu meditieren, wäre es für ihn ein Schock gewesen zu sehen, dass ich jemandem Gehör schenke, der weiser ist als ich. Es hätte ihn aber auch sehr glücklich gemacht.

Wenn Sie sich bereit fühlen, einen solchen Schritt zu machen – und ich hoffe, Sie machen sich darüber ernsthafte Gedanken – habe ich Ihnen unten ein paar Punkte zur Orientierung zusammengestellt, die Ihnen bei der Umsetzung helfen sollen. Wenn nicht, werfen Sie den köstlichen Kheer-Pudding nur wegen eines kleinen Stücks süßen Kardamoms nicht weg. Bitte meditieren Sie weiter, denn das ist das Wichtigste.

Wenn Sie sich für einen Versuch entschieden haben, schauen Sie zuerst, was sich in Ihrem Kühlschrank und in Ihren Regalen befindet. Steht dort Alkohol? Vielleicht haben Sie gern ein Glas Wein mit dem Abendessen oder ein kaltes Bier an einem heißen Sommertag getrunken. Wenn solche Dinge dort zu finden sind, schütten Sie sie weg. Brauchen Sie nicht erst alle Vorräte auf und beginnen danach, denn der Geist ist gerissener als man denkt.

Gibt es im Haus weitere Vorräte, vielleicht in einem Geheimversteck? Wachsen irgendwelche Pflanzen in Ihrem Garten? Diese Versuchungen müssen entfernt werden oder sie werden Sie zurückhalten und Sie können auf dem Pfad keine Fortschritte machen.

Um es noch einmal klar zu machen: Ich habe nicht gesagt, geben Sie diese Dinge einem Freund. Nein, helfen Sie niemandem seinen Geist zu benebeln, denn das ist nicht Ihre Angelegenheit. Sie haben sich dazu entschlossen Ihr Verhalten zu verändern und den Weg des Dhamma zu gehen – nur weil andere diese Entscheidung noch nicht getroffen haben, sollten Sie sie nicht zum Konsum ermutigen, indem Sie ihnen Betäubungsmittel geben.

Wenn Sie sich nun dazu entschlossen haben, den fünften Vorsatz für moralisches Handeln in Ihrem Leben zu befolgen und auf Betäubungsmittel fortan zu verzichten, werden Sie in Situationen kommen, in denen Menschen besonders hartnäckig versuchen werden, Sie dazu zu bringen, Ihren Vorsatz zu brechen. Das sind gewöhnlich besondere Anlässe wie Hochzeiten, Silvester usw. Für manche gehört das Anstoßen bei solchen Anlässen einfach dazu und in der westlichen Kultur wird es als Tradition angesehen. Es wird immer ein oder zwei Personen geben, die die Grenze guten Benehmens überschreiten und wirklich aufdringlich werden, um Sie dazu zu bringen, mit einem alkoholhaltigen Getränk mit anzustoßen. In diesen Momenten müssen Sie mit viel Geschick Ihre Rechte verteidigen und dürfen sich nicht überwältigen lassen. Meisten hilft es ein mit Mineralwasser oder Softdrink gefülltes Glas hochzuheben und zu sagen, dass alles in Ordnung ist.

Vergessen Sie nie, dass Sie bei Ihrem Versuch, ein mehr dem Dhamma entsprechendes Leben zu führen, nicht alleine sind. Die Kraft des Dhamma ist sehr stark und wird auch Sie unterstützen.

Dhamma Support

In einer Gesellschaft zu leben, die das Befolgen der fünf Prinzipien nicht würdigt, mag zunächst sehr schwierig erscheinen. Sie werden aber feststellen, dass es natürliche Gesetzmäßigkeiten gibt, die Sie dabei unterstützen werden. Ein Helfer wird dabei die tägliche Meditation sein. Jedes Mal, wenn Sie an Ihrem Meditationsplatz meditieren, erzeugen Sie Dhamma-Schwingungen, mit denen sich Ihre Umgebung auflädt. Zu Beginn mögen sie noch schwach sein, aber mit der Zeit nehmen die Schwingungen an Stärke zu, sodass Sie, wenn Sie sich zum Meditieren hinsetzen, merken, dass Sie einen Ort des Dhamma betreten. Auch wenn er nur ein Meter auf ein Meter misst.

Um diesen Prozess zu beschleunigen, laden Sie Freunde, die auch Meditierende dieser Tradition sind, zu sich nach Hause ein und veranstalten Sie in dem Raum, in dem Sie meditieren, gemeinsam eine Gruppensitzung. Alle werden davon profitieren. Sie können sie auch zum Essen einladen und miteinander eine gute Zeit verbringen. Dabei werden Sie feststellen, dass all die Bedenken bezüglich des *sīla* (Tugend) in diesem Kreis von Menschen keine Rolle spielen. So wird es einfacher, ein Leben im Dhamma zu leben.

Eine weitere Hilfe ist es, die Aufnahmen von Goenkajis rezitativen Gesängen zu nutzen. Wenn Sie sie an dem Platz, an dem Sie meditieren, abspielen, werden die immer und immer wieder rezitierten Worte des Dhamma und die damit verbundenen Schwingungen Sie in Ihrer Praxis unterstützen. Auch die Abendvorträge sind online verfügbar und jedes erneute Anhören wird Ihnen neue Erkenntnisse bringen.

Als Nächstes sollten Sie sich über Gruppensitzungen informieren und wenn möglich daran teilnehmen. Mit anderen zu meditieren, die ebenfalls diese Technik praktizieren, lädt Ihre Energiereserven auf, fast so, als würden Sie dafür in ein Zentrum gehen. Die Termine der Gruppensitzungen werden auf der Website Ihres lokalen Zentrums veröffentlicht oder Sie können sich an dem Ort, an dem Sie Ihren letzten Kurs gesessen haben, darüber informieren. Bei den Gruppensitzungen handelt es sich nicht um soziale Veranstaltungen, sondern um eine Gelegenheit mit Gleichgesinnten zu praktizieren, um gemeinsam in der Technik zu wachsen. Jeder der hingeht, wird von diesem Energieschub profitieren. Sollte es in Ihrer Umgebung keine Gruppensitzungen geben, aber Sie jemanden kennen, der Vipassana, wie gelehrt von S.N. Goenka, praktiziert, dann tun sie sich zusammen, wählen sie Zeit und Ort und meditieren sie regelmäßig, wenn möglich wöchentlich, miteinander. Diese Gruppensitzungen werden Ihnen Stärke geben.

1-Tageskurse bieten eine weitere gute Möglichkeit, um Ihre Meditationspraxis zu festigen. Wenn Sie in einer Gegend leben, in der 1-Tageskurse abgehalten werden, finden Sie die Termine ebenfalls online. Durch die Teilnahme an einem 1-Tageskurs können Sie Ihr Bewusstsein der vergänglichen Natur der von Ihnen wahrgenommenen Empfindungen (*anicca*) stärken. Dies wird sich positiv auf Ihre tägliche Meditation auswirken.

Ein Drittel der Zeit praktizieren Sie dort *ānāpāna* und zwei Drittel Vipassana. Am Ende des Tages kann es sogar sein, dass sich Ihr Verständnis von *anicca* auf demselben Level befindet, wie es zum Ende Ihres letzten Kurses war. Für die Kontinuität Ihrer täglichen Praxis wird Ihnen das sehr helfen.

Selbst wenn in Ihrer Gegend keine Ein-Tageskurse stattfinden, dort aber ein Assistenzlehrer lebt, besteht die Chance, dass, wenn Sie fragen, er oder sie Ihnen helfen kann, solche Kurse zu organisieren. Andere Meditierende in Ihrer Gegend werden es Ihnen danken. Sollten keine gemeinsamen Kurse möglich sein, steht es Ihnen natürlich frei, regelmäßig einen solchen Kurs für sich selbst durchführen. In den ersten beiden Jahren nach meiner Rückkehr aus Indien saß ich an jedem zweiten Wochenende einen 1-Tages-Selbstkurs. Ich konnte daraus viel Stärke ziehen und es wird für Sie ebenso sein. Optimaler Weise beginnen Sie um halb 5 Uhr morgens und arbeiten bis 9 Uhr abends, so habe zumindest ich es getan. Aber auch wenn Sie sich am entspannten Zeitplan der offiziellen 1- Tageskurse orientieren - 9 Uhr morgens bis 4 oder 5 Uhr abends -, werden Sie merken, dass diese Selbstkurse Ihnen viel Kraft geben werden.

Wenn möglich, können Sie für Gruppensitzungen, Service-Perioden, 3-Tage- oder 1-Tageskurse und andere Gelegenheiten auch in das Zentrum kommen.

Sie sollten dabei immer im Hinterkopf behalten, was der eigentliche Sinn hinter diesen Kursen ist. Tag für Tag werden wir mit visuellen Eindrücken, Geräuschen und Bildern überflutet. Nicht selten, Sie haben es vielleicht schon selbst festgestellt, geht es dabei um Hass, Gier und Verblendung. Die Beeinflussung des menschlichen Geistes ist inzwischen zu einem

Geschäftszweig geworden; Universitäten lehren, wie man die Aufmerksamkeit von Menschen lenken kann, um sie beeinflussen zu können, auf bewusste und auch auf unbewusste Weise. Kaufen Sie dieses, erzeugen Sie jenes Verlangen und immer und immer wieder lassen wir uns darauf ein. Nicht ohne Grund halten Mönche, die sich außerhalb des Klosters bewegen, ihren Blick nach unten gerichtet, um so diesen Einflüssen aus dem Weg zu gehen. Durch Ihre bewusste Entscheidung, was Sie lesen und was Sie sich im Fernsehen und im Kino anschauen, können Sie dem zu einem gewissen Grad entgegenwirken, es aber vollständig umgehen, können Sie nicht. Auf der Straße, auf Webseiten, die wir besuchen, so auch in unseren E-mails und inzwischen auch auf unseren Handys werden wir damit tagtäglich konfrontiert. Um dem Geist den natürlichen Zustand der Vergänglichkeit wieder ins Bewusstsein zu rufen, sind diese 1-Tageskurse so wichtig. Wenn Sie meditieren, ist es als würden Sie sich selbst durch ein Sieb schütten; Sie fließen hindurch, aber all die Unreinheiten bleiben im Sieb zurück. Wenn Sie sich vom Kissen erheben, fühlen Sie sich erfrischt.

An Tag 11 gibt Goenkaji die Anweisung, dass Schüler jedes Jahr an einem 10-Tage-Kurs teilnehmen sollen. Wenn Sie diesen Rat befolgen, wird Ihnen das sehr zugute kommen und Sie werden in der Lage sein, tiefer in die Technik vordringen zu können.

Stellen Sie sich vor, Sie haben einen kleinen Graben ausgehoben. Über das Jahr füllt sich dieser Graben mit Dreck und Staub, sodass am Ende des Jahres der Graben wieder gefüllt ist oder zumindest fast. In gleicher Weise häufen Sie mentalen „Unrat" an, wenn Sie diesen nicht regelmäßig durch Ihre tägliche Praxis,

Gruppensitzungen, 1-Tageskurse und 3-Tage-Kurse beseitigen und Sie müssen wieder von vorne beginnen. Um dies zu verhindern, müssen Sie den Graben frei von Unrat halten. Wenn Sie dann einen weiteren 10-Tage-Kurs besuchen, haben Sie die Möglichkeit, den Graben zu vertiefen und werden mit Ihrer Arbeit sehr viel schneller und mit weniger Hindernissen vorankommen. Wenn Sie Ihr *sīla* (Tugend) nicht rein gehalten haben, wird dies die Sache natürlich sehr viel schwieriger machen. Wenn Sie sich aber um ein gutes *sīla* bemühen, werden Sie in einer guten Form sein, um in Ihrem jährlichen Kurs schneller und tiefergehende Fortschritte zu machen.

Es gibt Personen, die sich mehr Zeit für die Meditation nehmen können, als nur zweimal täglich und einen 10-Tage-Kurs pro Jahr. Wenn das bei Ihnen der Fall sein sollte, spricht nichts dagegen an mehr als nur einem Kurs pro Jahr teilzunehmen. Viele Schüler, die eine starke Basis aufbauen wollen, gehen für eine länger Zeit in ein Zentrum, um dort Service zu geben und Kurse zu sitzen. Wer sich dafür entscheidet, findet eine sehr günstige Umgebung vor, um in seiner Praxis zu wachsen und diese zu vertiefen. Sie bekommen die Gelegenheit, das, was Sie gelernt haben, anzuwenden und gleichzeitig in der geschützten Umgebung eines Dhamma-Zentrums zu leben. Wenn Sie dann später wieder in die Außenwelt zurückkehren, nehmen Sie die starken und nachhaltigen Gewohnheiten des Täglich-Sitzens und Wahrnehmens von *anicca* mit. Damit wird es Ihnen leichter fallen, Ihre Praxis fortzuführen.

Tatsächlich sehe ich einen direkten Zusammenhang zwischen jenen, die Dhamma-Service geben und jenen, die in ihrer Praxis gefestigt sind. Die Meditation wirkt sich positiv auf den Service aus und andersherum.

Der Buddha sagte, es gibt kein Feld, das fruchtbarer ist als eine Person, die Meditation praktiziert, und somit ist es sehr vorteilhaft, dieser seinen Service anzubieten. Wenn Sie denen helfen, die in der Meditation zu Stärke gelangen können, dann helfen Sie sowohl jenen als auch sich selbst.

Dhamma Freunde

ls ich aus Indien zurückkehrte, zog ich in die San
Francisco Bay Area, weil dort andere Meditierende
lebten, die ich aus Indien kannte. Da zu der Zeit,
als ich in die Staaten zurückkehrte, die Gegend, in der
meine Eltern lebten, in Hinblick auf andere Meditierende
eine Wüste war, ging ich an einen Ort, von dem ich
wusste, dass ich dort Gleichgesinnte finden würde. Am
zweiten Tag nach meinem Umzug nach Berkeley nahm
ich an einer Gruppensitzung teil und traf dort Menschen,
mit denen ich heute immer noch in Kontakt stehe.

Für ungefähr die nächsten 20 Jahre habe ich nur selten
eine der wöchentlichen Gruppensitzungen verpasst, was
mir enorm geholfen hat. Die meisten Leute, die ich bei
diesen Treffen kennenlernte, waren diejenigen, die zur
Verbreitung des Dhamma in Nordamerika und besonders
in Kalifornien maßgeblich beitrugen. Diese Begegnungen
und Gruppensitzungen machten diese Jahre zu einer
goldenen Zeit.

In meinem Fall hat die Entscheidung, in eine Stadt
zu ziehen, in der ich nur wenige Nicht-Meditierenden
kannte, vieles einfach gemacht. Da fast alle meine
Freunde dort Meditierende waren, wurde ich nicht
zwischen vielen verschiedenen Lebenseinstellungen
hin- und hergerissen. Wir sind zusammen ins
Kino gegangen, waren zusammen beim Sport, sind

zusammen Essen gegangen und so weiter. Das hat das Vorankommen sehr erleichtert. Für jeden werden die Ausgangsvoraussetzungen, wenn sie mit dem Dhamma in Kontakt kommen, andere sein. Freundschaften mit anderen Vipassana-Meditierenden sind auf jeden Fall hilfreich und werden als Dhamma-Prüfstein dienen, der sowohl Orientierung als auch Inspiration bieten kann. Langsam, mit der Manifestation von *ehi passiko* (komme und sehe selbst), einer der Qualitäten des Dhamma, werden auch Familienmitglieder und Freunde zum Dhamma hingezogen. Mit den Jahren werden Sie feststellen, dass Mitmeditierende sich zu einer großen Unterstützung für Ihre Praxis entwickeln werden.

Dhamma-Freundschaften werden Sie im Dhamma stärken und Sie dadurch zu einem glücklicheren Leben führen. Als Ānanda einmal den Buddha aufsuchte, um über dieses Thema zu sprechen, sagte der Buddha, es handele sich dabei um eine der wichtigsten Elemente des Dhamma-Pfades.

Zu einer Zeit, als der Buddha mit den Sakyans in einer Stadt namens Sakkara lebte, näherte Ānanda, der gerade vom morgendlichen Almosen sammeln zurückkehrte, sich dem Buddha, grüßte ihn und setzte sich neben ihn. Ānanda erzählte ihm, dass er während seines Bettelgangs über die Bedeutung von Freundschaft auf dem Pfad des Dhamma nachgedacht hatte. Er sagte, "Ehrwürdiger Herr, die Hälfte des heiligen Lebens ist es, tugendhafte Freunde, Begleiter und Kameraden zu haben."

Der Buddha antwortete darauf, "Sag das nicht, Ānanda. Sag das nicht. Tugendhafte Freunde, Begleiter und Kameraden zu haben, ist in Wirklichkeit das ganze heilige Leben. Wenn ein Mönch tugendhafte Freunde, Begleiter und Kameraden hat, kann davon ausgegangen

werden, dass er dem edlen achtfachen Pfad folgen und
darin wachsen wird."

Diese Erkenntnis des Buddha habe ich in meinem
eigenen Leben erfahren dürfen. Die *kalyāna mittā*
(Freunde auf dem Pfad des Dhamma) haben mich beim
Beschreiten des Weges unterstützt, mich geleitet und nie
versucht, mich davon abzubringen.

Törichte Menschen hingegen haben mehr
Meditierende zu Fall gebracht als jede andere Kraft
dieser Erde.

Die Worte, "Umgeben Sie sich nicht mit törichten
Menschen," sind womöglich die wichtigsten Worte,
die der Buddha jemals an einen Menschen, der ein
Erwerbsleben führt und neu auf dem Weg des Dhamma
ist, gerichtet hat. Dasselbe gilt auch für die nicht so
neuen Schüler. Diese Worte stehen in der allerersten
Zeile der *Maṅgala Sutta*, einer *sutta*, in der der Erleuchtete
die größten Segen eines Meditierenden erklärt. Der
Buddha hielt diesen Punkt für so wichtig, dass er die
sutta (Diskurs) mit dieser Warnung begann:

> *Asevanā ca bālānaṃ,*
> *paṇḍitānañca sevanā;*
> *pūjā ca pūjanīyānaṃ,*
> *etaṃ maṅgalamuttamaṃ.*

> *Nicht mit Toren umgehen,*
> *sondern mit den Weisen,*
> *Ehre jenen erweisen, die der Verehrung würdig sind:*
> *Dies ist der höchste Segen.*

Entscheidungen treffen

Wenn man das Zentrum nach der Beendigung eines Kurses verlässt, stehen einem viele Wahlmöglichkeiten offen. Was werde ich tun? Wohin werde ich gehen? Eine der Fragen, die man sich wahrscheinlich nicht bewusst stellt, ist, ob man die Gesellschaft von törichten Menschen suchen wird?

Unglücklicherweise verhalten sich manche unserer Bekannten auf diese Weise. Sie führen ihr Leben nicht durch geschicktes Handeln, womit sie sich und auch uns Schaden zufügen können. Was bedeutet das? Geschicktes Handeln bedeutet, seine Stärken und Tugenden entsprechend dem edlen achtfachen Pfad, wie vom Buddha gelehrt, zu entwickeln. Hierbei geht es vor allem um *sīla* (Tugend).

Natürlich werden wir in unserem Leben immer wieder mit unvernünftigen Menschen oder lasterhaften Personen in Kontakt kommen, das lässt sich nicht vermeiden. Wir sollten Ihnen jederzeit mit *mettā* begegnen, auch wenn es ratsam ist, im Umgang mit ihnen vorsichtig und aufmerksam zu sein. Auch Meditierende mit den besten Intentionen, die gleichzeitig einer Erwerbstätigkeit nachgehen, haben Schwierigkeiten, ihr *sīla* (Tugend) vollkommen rein zu halten. Dabei gibt es jedoch Abstufungen, über welche Sie sich an diesem Punkt klar werden sollten.

Vielleicht haben Sie schon einmal jemanden sagen gehört, Tugenden seien nicht wichtig, Ansichten, wie sie auch zu Zeiten des Buddhas von manchen vertreten wurden. Der Buddha erklärte mit klaren Worten, dass diese Denkweise schädlich sei und deshalb vermieden werden sollte. Heute würde man diese Lebensphilosophie wohl "tue, was sich gut anfühlt" nennen. Diese Haltung ist jedoch nicht zielführend, zumindest für jemanden, der ernsthaft mit dem Gedanken spielt, auf dem sehr langen Weg der reinen Handlungen zu gehen. Personen, die behaupten, Tugenden seien nicht wichtig, zählen zu eben jenen törichten Menschen und ihre Ratschläge sind kontraproduktiv. Es scheint so, als wollten sie andere von ihrer Einstellung überzeugen, aber der Pfad des Dhamma unterscheidet sich von solchen Wegen deutlich.

Als Teil der Eröffnungszeremonie zu Beginn Ihres Kurses wurden Sie dazu angehalten, fünf Regeln zu befolgen. Jetzt, nachdem der Kurs vorüber ist, sind Sie nicht mehr an die Einhaltung dieser Gebote gebunden, das *sīla*, moralisches Leben, bildet aber weiterhin die Grundlage der Praxis. Um auf dem Pfad weiter voranzuschreiten, ist es äußerst hilfreich, sich diese Regeln zu Herzen zu nehmen. Es wird niemanden geben, der Sie dazu auffordert oder bei der Befolgung überwacht. Wenn Sie aber ein Leben im Dhamma führen möchten, dann ist das der erste Schritt. Wie bei einer Wanderung, müssen Sie sich sorgfältig vorbereiten. Sie benötigen Wanderschuhe, Wasser, vermutlich Sonnencreme und etwas zu essen für zwischendurch, sollten Sie hungrig werden. Darauf muss Sie niemand extra hinweisen, denn das ist gesunder Menschenverstand. Um auf dem Pfad des Dhamma zu gehen, brauchen Sie *sīla*, *samādhi* und *paññā*. Das sind die Grundlagen für Ihre Wanderung auf diesem neuen Pfad.

Denken Sie bitte über Folgendes nach: Wann glauben Sie ist der Moment gekommen, ab dem Sie sich korrekt und auf eine tugendhafte Weise verhalten werden? Wird es in Ihrem Leben einen Punkt geben, an dem Sie plötzlich damit aufhören werden, Ihr *sīla* zu brechen und von nun an alle Verführungen geschickt umgehen können? Der beste Moment damit anzufangen und diese Verhaltensweisen einzuschleifen ist jetzt, denn wenn Sie nicht von Anfang an damit beginnen, werden Sie die ganze Zeit mehr und mehr *saṅkhāras* (Reaktionen des Geistes) und somit mehr *dukkha* (Leid) erzeugen und das wird Ihren Fortschritt behindern.

Wenn Sie Ihr *sīla* brechen, wird Sie das zurückhalten und Ihren Geist mit Sorge und Unruhe erfüllen. Hat mich jemand dabei gesehen? Was, wenn man herausfindet, was ich getan habe? Nicht nur, dass diese Gedanken die Balance des Geistes, welche für eine tiefgehende Meditation notwendig ist, aus dem Gleichgewicht bringen werden, solches Verhalten schadet auch anderen. Wenn Sie etwas stehlen, ist Ihr Gewinn der Verlust des anderen. Das ist ein hoher Preis und so verhält es sich mit allen fünf *sīlas*. Ohne sie werden Sie innerlich nicht zur Ruhe kommen.

Nur ein *arahant* (ein völlig Befreiter) ist in der Lage, sein *sīla* komplett rein zu halten. Für einen Schüler auf dem Pfad ist das ernsthafte Bemühen, das *sīla* nicht zu brechen, ausreichend. Sie sollten versuchen, sich an das *sīla* zu halten und mit rechtem Bemühen auf das Ziel hinarbeiten. Immer wieder kann es passieren, dass Sie einen Fehltritt begehen. Aber fragen Sie sich: Passierte dies, weil Sie von Verlangen oder Abneigung überwältigt wurden und dann, ohne es zu wissen, reagiert haben oder geschah der Fehltritt, weil Sie ihn zugelassen haben?

Es ist nicht dasselbe. Wenn Sie überwältigt wurden, werden Sie wieder zu Kräften kommen. Wenn Sie sich in dieser Situation aber dazu entschlossen haben, eine Ausnahme zu machen und das *sīla* zu brechen, wird es wieder und wieder vorkommen und Sie werden letztendlich unterliegen. Versuchen Sie daher Ihr Bestes, das entspricht dem mittleren Weg.

Seien Sie sich des *Anicca* bewusst

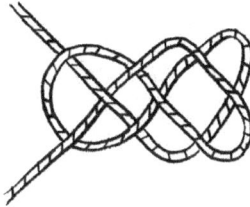

Sollte jemand versuchen zu zählen, wie oft Goenkaji in einem Kurs über anicca (Veränderung, Unbeständigkeit) spricht, er oder sie wäre erstaunt. Immer wieder geht er darauf ein, um dessen Relevanz zu untermauern und dennoch nehmen viele Schüler es nur mit einem Ohr wahr oder überhören es gänzlich. Er wiederholt so oft, weil es ENTSCHEIDEND ist.

Einer der wichtigsten Punkte, die man sich als neuer oder auch als erfahrener Meditierender, der schon dutzende Kurse besucht hat, immer wieder vergegenwärtigen sollte, ist *anicca*. Ununterbrochen weist Goenkaji darauf hin: "Bleiben Sie gleichmütig und seien Sie sich des *anicca* bewusst" oder "bleiben Sie gleichmütig mit dem Verständnis von *anicca*." Nach Tag 4, dem Vipassana-Tag, beendet er zu Beginn jeder Meditationssitzung die Anweisungen mit diesen Worten. Was meint er damit? Warum glauben Sie, wiederholt er es ständig?

Sich des *anicca* bewusst zu sein, bedeutet, die spürbaren Körperempfindungen wahrzunehmen, mit dem Wissen um deren Unbeständigkeit und deren ständigen Wandel, und das, für so lange, wie es Ihnen möglich ist. Wenn Sie merken, dass Sie aufgehört haben dieses Objekt zu beobachten, beginnen Sie von Neuem.

In jedem Moment, in dem Sie Ihre Aufmerksamkeit durch den Körper führen, egal, ob Sie Stück für Stück oder mit dem Flow arbeiten, sollten Sie sich der sich ständig verändernden Natur der Empfindungen bewusst sein. Nur so können Sie den vollen Nutzen aus Ihrer Anstrengung ziehen. Dieser immerwährenden Veränderung waren Sie sich höchstwahrscheinlich nie bewusst, bis Sie angefangen haben, Vipassana zu praktizieren. Vielleicht hatten sie eine grobe Vorstellung, haben es aber nie selbst erfahren. Auch wenn Sie diese Empfindungen jetzt wahrnehmen können, ist dies noch nicht genug. Sie müssen sich auch bewusst sein und unmittelbar erfahren, dass in den Empfindungen eine Schwingung zu spüren ist, die sich verändert. Das ist *anicca*. Es ist nicht relevant, ob die Empfindung so fein ist, dass Sie kaum dessen Entstehen und Vergehen wahrnehmen können, es ist nicht wichtig, ob es sich dabei um einen groben Schmerz oder eine unklare Stelle handelt. Wenn Sie Ihre Aufmerksamkeit auf diesen Bereich lenken, seien Sie sich lediglich bewusst, dass er sich verändert.

Das gesamte Universum unterliegt dem ständigen Wandel; auch Sie unterliegen dem ständigen Wandel. Alles ist *anicca*. Dieses Wissen, zusammen mit *dukkha* (Leid) und *anattā* (Nichtexistenz des Selbst), ist Voraussetzung für *nibbāna*. Der Buddha sagte: "Sobald jemand *anicca* begreift, begreift er auch *dukkha* und *anattā*." Um dieses Verständnis tief in Ihrem Wesen zu verankern, müssen Sie sich die Wahrheit über die Realität immer wieder verdeutlichen.

In seinem Buch *Satipaṭṭhāna* sagt der ehrwürdige Anālayo: "Wenn die Entwicklung des Verständnisses von Unbeständigkeit wirklich die mentale Konditionierung beeinflussen soll, ist Kontinuität unentbehrlich. Anhaltende Betrachtung von Vergänglichkeit führt zu einem Wandel der für eine Person normalen Wahrnehmung der Realität, welche bisher die zeitliche Beständigkeit des Empfängers und der empfangenen Objekte implizit vorausgesetzt hat. Sobald beide als sich verändernde Vorgänge erkannt wurden, lösen sich alle Vorstellungen einer stabilen Existenz und Solidität auf und verändern damit das Verständnis der Realität grundlegend."

Ein Teil des Problems ist, dass es schwierig ist, das Bewusstsein von *anicca* in der eigenen Praxis zu integrieren. Ein weiterer Teil des Problems ist, dass man die Worte Goenkajis überhört oder ihnen keine Wichtigkeit beimisst. Leicht verliert man sich darin, Empfindungen wahrzunehmen und vergisst den Rest. Sie haben also Empfindungen wahrgenommen und Sie wissen auch, dass es nicht relevant ist, um welche Art von Empfindung es sich handelt. Grob oder fein, es macht keinen Unterschied. Nun seien Sie sich auch der Veränderlichkeit dieser Empfindung bewusst, denn das ist *anicca*, und das ist es, worum es geht. Spüren Sie die Empfindungen, während Sie sich gleichzeitig gleichmütig deren Entstehung und des Vergehens bewusst sind. Das zu verstehen ist leicht, es umzusetzen erfordert aber einiges an Übung.

Zu Beginn kann es vorkommen, dass Sie immer wieder vergessen, dass Ihr Ziel nicht nur die Wahrnehmung (*sati*) der Empfindungen (*vedanā*) ist, sondern, dass ein Teil Ihres Geistes sich auch der Veränderlichkeit der Empfindungen bewusst sein soll. Sobald Sie merken, dass diese Aufmerksamkeit abschweift, dass Sie sich nicht mehr des *anicca* bewusst sind, bringen Sie sie zurück. Es ist ein Training. Ein Training des Geistes, bei dem Sie immer wieder zum Verständnis der Tatsache, dass die von Ihnen wahrgenommene Empfindung vergänglich ist, zurückkommen müssen.

Denken Sie über Folgendes nach: Wenn ein Lehrer zu Schulzeiten auf ein bestimmtes Thema besonders einging und es ausgiebig wiederholte, konnte man sich darauf verlassen, dass es in der Prüfung drankommen würde, richtig? Oder wenn der Dozent im Studium sagte: "Dies könnte später für Sie noch einmal nützlich sein", war damit nicht klar, dass es abgefragt werden würde? Die Prüfung, in der Sie sich jetzt befinden, nennt sich Leben und die Antwort im Vipassana-Teil lautet: "Seien Sie sich des *anicca* bewusst." Mit diesem Wissen können Sie nicht durchfallen, nicht nur das, Ihr Leben wird ein erfolgreiches sein.

In den Empfindungen kann das Entstehen und Vergehen wahrgenommen werden. Es kann langsam geschehen. Entstehen ... vergehen. Oder aber sehr, sehr schnell. Beobachten Sie dies, seien Sie sich dessen bewusst. Es macht keine Unterschied, ob es heiß oder kalt, juckend oder schmerzhaft, vibrierend oder taub ist. Seien Sie sich lediglich des Entstehens und des Vergehens bewusst, *anicca*. Das sollte Ihr Ziel sein und das ist alles, was Sie zu tun haben. Seien Sie sich der Empfindungen bewusst und nehmen Sie deren unbeständige Natur wahr. Fühlen Sie dies kontinuierlich, ohne Unterbrechung und reagieren Sie nicht. Sollten Sie diesbezüglich oder zu anderen Aspekten Ihrer Praxis Fragen haben, kontaktieren Sie bitte das Vipassana-Zentrum, in dem Sie Ihren letzten Kurs gesessen haben und bitten um eine Rückmeldung eines Assistenzlehrers oder -lehrerin. Die Kontaktdaten des Zentrums finden Sie unter www.dhamma.org.

Das Wahrnehmen von *anicca* wird langsam Teil Ihrer Praxis werden. Es wird nicht von heute auf morgen geschehen, aber jeder lange Weg beginnt mit dem ersten Schritt, und Sie müssen sich keine Sorgen machen, es zu vergessen, denn Goenkajis Rezitationen werden Sie immer wieder daran erinnern:

Aniccā vata saṅkhārā...
Vergänglich wahrlich sind alle Dinge...

Bingo Bango *Bhaṅga*

Einer der gefährlichsten Fallstricke für Meditierende ist das Verlangen nach feinen Empfindungen. Es entspricht der Natur des Geistes, auf angenehme Empfindungen mit Verlangen und auf unangenehme Empfindungen mit Abneigung zu reagieren, das ist seine Konditionierung und das ist der Ursprung des Leids. Ziel der Übung ist es, genau dies zu ändern und aus dem Leid herauszukommen. Deshalb weist Goenkaji kurz nach der Einführung in die Vipassana-Meditation die Schüler an, die Dinge zu betrachten, wie sie sind. Er sagt, dass egal welche Art von Empfindung sich manifestiert, Sie diese beobachten sollen. Dennoch erzeugen viele Meditierende Verlangen nach Empfindungen, die gerade nicht präsent sind.

Am neunten Tag des 10-Tage-Kurses spricht Goenkaji das erste Mal über *bhaṅga*. *Bhaṅga* wird der Zustand genannt, in dem der ganze Körper von jeglichen Widerständen befreit und seine gesamte Masse mit sehr feinen Empfindungen gefüllt ist. Um diesen Zustand zu erreichen, müssen Sie nichts tun. Es passiert einfach. Dennoch sorgt der verheißungsvolle Klang von *bhaṅga* in den Köpfen der Meditierenden für Verwirrung, erweckt den Eindruck, etwas besonderes zu sein und wir denken: "Oh, diesen Zustand muss ich unbedingt erreichen. Das ist, was ich will."

Aha! Das ist, was Sie *wollen*. Es ist nicht, was *ist*, sondern was Sie wollen. Und schon ist das Kind in den Brunnen gefallen, denn wie Sie wissen, laufen Sie, sobald Sie beginnen Verlangen zu erzeugen, in die entgegengesetzte Richtung des Dhamma. Sie sind nicht gleichmütig, sondern Sie reagieren.

Am besten ist es zu verstehen, was *bhaṅga* bedeutet. Es ist ein natürliches Phänomen, das in der Meditation auftreten kann. Fast alle Empfindungen, die sich während der Meditation auf Ihrem Körper manifestieren, sind lediglich alte Konditionierungen des Geistes, die sich auf körperlicher Ebene ausdrücken. Das Essen, das Sie zu sich nehmen, die Atmosphäre, die Sie umgibt, oder Ihre Gedanken in jenem Moment können weitere Auslöser sein. Da Sie sie nicht erzeugen können, haben Sie keine Kontrolle über diese Empfindungen. Tatsächlich sind sie Relikte aus der Vergangenheit, und da Ihr Geist nun ruhig ist und nicht reagiert, erscheinen sie auf der Oberfläche oder manchmal auch im Inneren des Körpers. Das ist das Gesetz der Natur.

Wenn man mit Vipassana beginnt, fühlt man zunächst oft grobe und solide Empfindungen. Mit der Zeit und mit einem sich immer weiter entwickelnden Bewusstsein beginnt man auch feinere Empfindungen in unterschiedlichen Teilen des Körpers wahrzunehmen. Es ist dann gut möglich, dass feine Empfindungen auf der gesamten Körperoberfläche zu finden sind und Sie Ihre Aufmerksamkeit ohne Anstrengung in einer fließenden Bewegung über die Körperoberfläche führen können, was als "freier Fluss" bezeichnet wird. Wenn diese Empfindungen den gesamten Körper ohne jegliche Blockade, also ohne grobe oder unklare Stellen oder Bereiche, an denen nichts zu spüren ist, sowohl innen als auch außen durchdringen, dann wird dieser Zustand *bhaṅga* genannt.

Die dabei vorhandenen Empfindungen sind sehr angenehm, was bei vielen den falschen Eindruck erzeugt, sie hätten das Ziel von Meditation erreicht. Dem ist aber nicht so, denn alle Empfindungen befinden sich in ständiger Veränderung. In einem Moment können sie schmerzhaft, im anderen heiß oder kalt und im nächsten wiederum angenehm sein. *Anicca, anicca.* Das gilt auch für die angenehmen Empfindungen des *bhaṅga* und wenn Meditierende Anhaftung an diese Empfindungen entwickeln, sich diese aber stets verändern, dann entsteht Leid. Trotzdem wollen Sie diese Empfindung wieder spüren und das Spiel der Empfindungen beginnt, ein Spiel, das nicht gewonnen werden kann.

Manchmal betreiben Meditierende dieses Spiel über Jahre hinweg. Sie machen sich selbst und dem Lehrer etwas vor, die ganze Zeit mit der festen Überzeugung, sie würden auf dem Pfad Fortschritte machen, in Wahrheit aber stecken sie fest. Es kann sein, dass sie den Worten des Lehrers nicht glauben oder dass sie denken, alle anderen hätten feine Empfindungen, nur sie nicht. Oder sie denken, das Ziel erreicht zu haben und bleiben auf dem Pfad stehen. Kurs für Kurs sind sie nur hinter diesen feinen Empfindungen her. Sie dürfen nicht vergessen, dass dies nicht das Ziel ist, auf welches Sie hinarbeiten. Denn wenn Sie das tatsächliche Ziel erreicht haben, dann wird es keine Empfindungen mehr geben.

Stellen Sie sich vor, Sie reisen mit dem Zug und durch das Fenster erblicken Sie eine wunderschöne Landschaft. Da der Zug nicht stehen bleibt, Sie aber unbedingt die Landschaft weiter im Blick behalten wollen, beginnen Sie durch den Zug zu laufen. Nachdem Sie Frauen und Kinder umgestoßen haben, selbst über Gepäck, Schaffner und sämtliche andere Dinge gestolpert sind, erreichen Sie schließlich das Ende des Zuges und dennoch wird Ihnen der schöne Ausblick entschwinden. Beobachteten Sie ein solches Verhalten bei jemand anderen, würden Sie denken, diese Person sei verrückt. Nichtsdestotrotz tun viele Menschen genau das und versuchen an bestimmten Empfindungen festzuhalten.

Sie können es sich nicht aussuchen, wann der Zustand des *bhaṅga* kommt und geht. Es ist das gleiche wie mit allen Empfindungen; Sie haben darüber keine Kontrolle. Empfindungen entstehen wegen der Art der *saṅkhāras* oder wegen der gegenwärtigen Gedanken oder der Atmosphäre oder des Essens, das man zu sich nimmt. Als Meditierende haben Sie nur eine Aufgabe und diese ist, die entstandenen Empfindungen zu beobachten und sich des *anicca* bewusst zu sein. Um wieder zu unserem Zug-Beispiel zurückzukehren, wäre es, als ob Sie durch das Fenster die Landschaft vorbeiziehen sehen. Sie würden es weder mögen, noch nicht mögen, Sie würden nur beobachten. Wenn Sie das tun, werden Sie alle Vorzüge dieser Meditationstechnik erhalten. Wenn Sie aber in die entgegengesetzte Richtung laufen, verschwenden Sie lediglich Ihre Zeit und generieren mehr Leid.

Da Sie die Empfindungen nicht verändern können, werden Sie umso eher auf dem Pfad Fortschritte machen, je früher Sie sich dazu entscheiden, diese zu akzeptieren, ihnen gegenüber gleichmütig zu sein und nicht zu reagieren. Sich anders zu entscheiden resultiert automatisch in *dukkha* (Leid).

Das *pāramī*-Paradoxon

Bestimmte Hindernisse müssen überkommen werden, um auf dem Pfad des Dhamma voranschreiten zu können. Dafür gilt es zehn Qualitäten des Geistes zu entwickeln, die es schließlich ermöglichen, die völlige Befreiung zu erreichen. Sie werden als pāramitās or pāramīs bezeichnet, was so viel bedeutet wie die vollständige Entwicklung dieser Geistesqualitäten, die es zu erreichen gilt.

Wenn diese *pāramīs* entwickelt sind, geben sie uns Stärke, um auf dem Pfad der Weisheit voranzuschreiten. Sind die *pāramīs* schwach, wird auch die Praxis schwach sein. Wenn also eine starke Praxis hilft, die *pāramīs* zu entwickeln, aber man ohne sie Schwierigkeiten haben wird, zu praktizieren, wie also bekommt man dann starke *pāramīs*? Das ist das Paradoxon.

Die zehn pāramīs sind:

Großzügigkeit (*dāna*)
Tugend (*sīla*)
Entsagung (*nekkhamma*)
Weisheit (*paññā*)
Bemühung (*viriya*)
Geduld (*khanti*)
Wahrhaftigkeit (*sacca*)
Starke Entschlossenheit (*adhiṭṭhāna*)

Mitfühlende Liebe (*mettā*)
Gleichmut (*upekkhā*)

Wenn Sie die Liste durchgehen, werden Sie feststellen, dass jemand mit diesen Eigenschaften gute Tugenden, einen ausgeglichenen Geist und die Fähigkeit besitzt, trotz Schwierigkeiten, wie sie im Alltag eines Meditierende auftreten und überwunden werden müssen, zu arbeiten. Das sind die Eigenschaften, die ein völlig Befreiter (*arahant*) meistert, um das letztendliche Ziel zu erreichen. Auch Sie müssen über diese *pāramīs* in ausreichender Menge verfügen, bevor Sie die völlige Befreiung erreichen können. Die gute Nachricht ist, dass Sie bereits über eine große Menge dieser *pāramīs* verfügen, sonst hätten Sie nämlich kein Interesse gehabt, überhaupt auch nur einen Schritt auf dem Pfad zu machen. Bei den Wörtern "Vipassana", "Goenka" und "Einsicht" wäre keinerlei Neugierde oder Bereitschaft entstanden, mehr über diese Sache zu erfahren. Die *pāramīs* werden Ihnen den Weg weisen, verlieren Sie sie deshalb nicht aus dem Auge.

Seien Sie sich zugleich des *pāramī*-Paradoxons bewusst, sodass, wenn sich Ihnen die Chance bietet eines der *pāramīs* zu entwickeln, Sie die Initiative ergreifen können, sowohl im alltäglichen Leben als auch während eines Kurses. Ihre Praxis wird davon profitieren, Sie werden sich zufriedener fühlen und in Ihrer Meditation weiter wachsen.

Kürzlich hörte ich die Geschichte eines Meditierenden, der nach der Beendigung seines ersten Kurses damit begonnen hatte, zwischen den Kursen ins Zentrum zu kommen, um beim Aufräumen nach gerade beendeten Kursen und bei den Vorbereitungen für die darauf folgenden Kurse zu helfen. Er kam jedes Mal. Da er sich bereits in seinen späten 60ern befand - er war vor kurzer Zeit in Rente gegangen - kamen Bedenken auf, die ständige Anstrengung sei für ihn zu viel. Als ein Assistenzlehrer schließlich mit ihm sprach, um zu sehen, wie es ihm ging, sagte er: "Ihr habt alle bereits in jungen Jahren damit begonnen, eure *pāramīs* zu vermehren. Ich habe gerade erst angefangen und muss einiges gut machen. Deshalb versuche ich so viel zu helfen, wie möglich." Hierbei handelt es sich um eine Person, die das *pāramī*-Paradoxon sehr gut verstanden hat und nichts zwischen sich und das letztendlichen Ziel kommen lässt.

Eine Gelegenheit, das *dāna pāramī* (Großzügigkeit) zu entwickeln, bietet sich uns in einem 10-Tage-Kurs. Wenn am Ende eines Kurses die Liste für die Reinigungsaufgaben ausgehängt wird, ist Ihre Chance gekommen, anderen zu helfen.

Hin und wieder wird eine Ankündigung bezüglich eines Arbeitswochenendes, einer Arbeitsperiode oder vielleicht auch bezüglich freier Plätze im Service des nächsten Kurses versendet. Mit dem, was Sie nun über das *pāramī*-Paradoxon wissen, ist der nächste Schritt zu denken, "Ah, das ist eine Gelegenheit für mich, mein *dāna pāramī* zu vermehren."

Unter Umständen haben Sie einen sehr zeitintensiven Beruf oder viele familiäre Verpflichtungen, die es Ihnen unmöglich machen, Service zu geben. In diesen Phasen Ihres Lebens mag es einfacher sein, Geld anstatt Service zu geben. Das wird Ihnen helfen, Ihr Ego aufzulösen und gleichzeitig teilen Sie Ihre Errungenschaften, um anderen zu helfen. Alles was Sie im Zentrum sehen, ist die Gabe vieler Einzelpersonen. Vom Grundstück bis zur Glühbirne, die ein oder der andere Meditierende hat dafür gespendet. Wegen der Regelung, dass Zentren dieser Tradition nur freiwillige Spenden von denen annehmen, die an einem 10-Tage-Kurs teilgenommen haben, ist die Entwicklung eines Zentrums ein langsamer Prozess.

Ein gutes Beispiel dafür ist das Zentrum in Massachusetts, das erste Zentrum, das in Nordamerika entstanden ist. Im Jahr 1982 erwarb eine Handvoll Meditierende ein Haus mit ein paar Hektar Land. Da sich zu Beginn alle das eine Haus teilen mussten, war es dort sehr eng und die Dhamma-Halle war so klein, dass die Leute Knie an Knie nebeneinander saßen und dennoch glücklich waren, einen Platz bekommen zu haben. Jede Nische wurde für etwas genutzt und selbst der Keller diente als provisorischer Speisesaal. Um weiterer Personen die Kursteilnahme zu ermöglichen, wurde im Sommer ein großes Zelt als größere Dhamma-Halle genutzt und weitere Zelte für deren Unterbringung errichtet. Heute, im Jahr 2015, existiert ein großer Komplex an Gebäuden, von dem jedes Jahr viele Schüler profitieren. Die meisten Räume sind mit eigenen Badezimmern ausgestattet und es gibt eine Pagode mit individuellen Meditationszellen. Auf gleiche Weise sind über mehrere Jahre alle Zentren entstanden und wurden Schritt für Schritt auf eine praktische und einfach gehaltene Weise gebaut. Heute gibt es in Nordamerika (Mexiko, Vereinigte Staaten von Amerika und Kanada) fünfzehn Zentren und zwei weitere, bei denen bereits Land erworben wurde, die Gebäude aber noch errichtet werden müssen.

Ein Wochenende in einem Zentrum auszuhelfen, bringt weitere Vorteile mit sich, die Sie bedenken sollten: Ihnen wird die Gelegenheit geboten, dreimal täglich zu meditieren; Sie können dort Ihre Praxis festigen und zugleich auch zu einer kraftvollen Atmosphäre im Zentrum beitragen, die wiederum anderen zum Vorteil sein wird. Es ist eine exzellente Chance, um das *pāramī*-Paradoxon zu überwinden. Nur durch Ihre eigenen Bemühungen (*viriya*), ein weiteres *pāramī*, werden Sie dies schaffen.

Wenn Sie sich dazu entschließen, für eine Arbeitsphase an einem Wochenende zu kommen, haben Sie auch die Möglichkeit, an Ihrem *nekkhama pāramī* zu arbeiten. Sie werden für zwei Tage, ebenso wie in einem Kurs, die weltlichen Dinge hinter sich lassen (*nekkhama*) und von Spenden anderer leben. Sie werden den mittleren Weg ohne Extreme praktizieren und einen ganzheitlichen Lebensstil leben. In traditionell buddhistischen Ländern reservieren sich seit 2.500 Jahren Laien eine gewisse Anzahl an Tagen pro Monat, sogenannte *uposatha*-Tage, um mit besonderen Bemühen ihre *pāramīs* zu trainieren. An diesen Tagen befolgen sie acht oder sogar zehn Regeln und manche meditieren dabei.

Toleranz (*khanti*) ist eine Eigenschaft, die von anderen sehr wertgeschätzt wird. Tolerante Menschen kritisieren nicht, verurteilen nicht und beschweren sich nicht. Sie werden meist von anderen gemocht und sind sehr umgänglich.

In einem Meditationskurs gibt es viele Gelegenheiten, Toleranz zu üben. Ist der Meditierende neben Ihnen leise oder macht er Geräusche? Bewegt er sich viel? Vielleicht können Sie seine Atmung hören. Vielleicht fehlt dem Essen eine Zutat oder die Dhamma-Server in der Küche haben es heute Morgen aus Versehen anbrennen lassen. Wenn Sie in diesen Situationen mit Akzeptanz regieren und nicht verurteilen, dann mehren Sie Ihr *pāramī* der Toleranz.

Jeden Tag unseres Lebens ergeben sich Chancen, diese Eigenschaft in uns zu stärken. Besonders in der heutigen Welt, in der man dazu ermutigt wird, durchsetzungsstark zu sein, wird Intoleranz leicht mit Durchsetzungsstärke verwechselt. Wenn Sie irgendwo anstehen müssen, beobachten Sie - anstatt sich zu ärgern und unruhig zu werden - die vergängliche Natur der Empfindungen innerhalb der Grenzen Ihres Körpers. Auch Staus bieten eine wunderbare Gelegenheit, um das Verständnis der Unbeständigkeit zu üben und tolerant zu sein. Wir verhalten uns meist dann intolerant, wenn wir uns durch die Handlung anderer eingeschränkt fühlen. Höchstwahrscheinlich sind sich diese gar nicht bewusst, dass Sie ihre Handlungen als Einschränkung wahrnehmen. Zorn und Hass sind oftmals das Ergebnis. Diese Reaktionen wirken unseren Bemühungen entgegen, auf dem Pfad zu gehen und wir erzeugen stattdessen mehr und mehr *saṅkhāras* (Reaktionen des Geistes).

Starke Entschlossenheit (*adhiṭṭhāna*): Nehmen Sie das während eines Kurses ernst? Wenn Sie auf dem Pfad voranschreiten, werden Sie mit Herausforderungen konfrontiert, deren Bewältigung ein hohes Maß an starker Entschlossenheit verlangt. Daher ist es wichtig dieses *pāramī* zu entwickeln, um diesen Herausforderungen gewachsen zu sein. Sie müssen in der Lage sein, jede Ihrer Absichten in die Tat umzusetzen. In einem Kurs wird Ihnen gesagt, Sie sollen beobachten und nicht reagieren. Das ist Ihr Ziel für diese eine Stunde. Der Grund dafür ist, dass unser Geist durchgehend auf dieses und jenes reagiert. Wenn Sie es schaffen, diese Gewohnheit zu verändern, werden Sie auch im Alltag bald aufhören, blindlings zu reagieren. In einem Kurs haben wir mit den *adhiṭṭhāna*-Sitzungen dreimal täglich die Möglichkeit, dies zu üben. Der Pfad des Dhamma ist ein Pfad, der Entschlossenheit voraussetzt. Wenn Sie diese bei jedem Schritt auf dem Weg trainieren, werden Sie sich in herausfordernden Situationen darauf verlassen können.

Beenden Sie Aufgaben, die Sie begonnen haben oder fangen Sie mit etwas an, bringen es aber nicht zum Abschluss? Indem Sie Projekte zu Ende bringen, können Sie auch außerhalb des Kurses dieses *pāramī* entwickeln. Das wird Ihr *adhiṭṭhāna pāramī* schulen.

Gleichmut (*upekkhā*): Manche Menschen haben Schwierigkeiten, dieses Wort zu verstehen. "Gleichmut" oder "gleichmütig" bedeutet, ausgeglichen zu sein und nicht zu reagieren. Um auf dem Pfad voranzukommen, benötigen wir einen Geist mit diesen Eigenschaften. Wenn wir bereits bei der kleinsten Schwierigkeit zu wanken beginnen oder uns schnell von Dingen aufwühlen lassen, müssen wir einen Weg finden, unseren Geist wieder in einen Zustand zu versetzen, in dem er zur gleichmütigen Beobachtung in der Lage ist. Für manche Schüler ist das Problem, dass Sie zu ehrgeizig sind und dadurch ihr Gleichgewicht verlieren. Sie knirschen mit den Zähnen, wollen unbedingt etwas Bestimmtes erreichen und sind davon überzeugt, dass es hilft, wenn Sie es mit noch mehr Kraft versuchen. Es hilft nicht. Es braucht Gleichgewicht, nicht Stärke. In Kursen ist es für viele Meditierende besser, fünf Minuten spazieren zu gehen, anstatt zu versuchen, mit Gewalt gegen ihre Schmerzen und Ruhelosigkeit anzukämpfen. Die Geschichten von Mönchen, die sich ihre Knie brechen und sich nicht bewegen, bis sie zur völligen Befreiung gelangt sind, handeln von Menschen mit einem sehr hohem Maß an *pāramīs* und nicht von jenen, die gerade erst auf dem Pfad beginnen.

Am Kyaiktiyo in Myanmar befindet sich ein riesiger goldener Felsen, namensgebend für den Ort, der nur auf einem sehr kleinen Bereich ausbalanciert ist. Das gesamte Gewicht des Felsens und zusätzlich das einer Pagode, welche darauf erbaut wurde, balanciert nur auf einer sehr kleinen Stelle. Dennoch ist der Fels unerschütterlich. Wäre Ihr Gleichmut genauso fokussiert wie das Gewicht des Felsens, was könnte Sie aus dem Gleichgewicht bringen?

Tugend (*sīla*): In einem Zentrum ist die Wahrscheinlichkeit, dass Sie Ihr *sīla* brechen, geringer als außerhalb. Natürlich können Sie auch unabhängig davon, wo Sie sich gerade befinden, an Ihrem *sīla* arbeiten. Halten Sie sich die fünf *sīlas* im Gedächtnis und befolgen Sie sie zu jeder Zeit. Die wirklich groben, wie nicht zu töten und nicht zu stehlen, benötigen schon eine große Anstrengung, um sie zu brechen. Jemand, der einen oder mehrere Kurse gesessen hat, wird damit für gewöhnlich keine Schwierigkeiten bekommen. Hoffentlich haben Sie Ihr gewachsenes Bewusstsein und Ihr Verständnis der Lehre des Buddhas genutzt, um diese groben Verstöße hinter sich zu lassen. Aber vor etwas müssen Sie sich sehr in Acht nehmen und das ist die rechte Rede. Oh, hier ist es so leicht zu stolpern und zu stürzen. Kaum öffnet sich unser Mund, haben wir dieses *sīla* gebrochen. Und das täglich und ohne Vorwarnung. So leicht geschieht es, dass man die Grenzen der rechten Rede überschreitet. Der Buddha warnte besonders vor dem Lügen und das ist, was er dazu zu sagen hatte:

Die Konsequenzen von falscher Rede

Das wurde gesagt von dem Bhagavā [dem Buddha], das wurde gesagt von dem Arahat und ich habe es gehört. "Für diejenige Person, Mönche, die gegen diese eine Sache verstößt, so wage ich zu behaupten, gibt es keine schlechte Tat, die sie nicht vollbringen würde. Was ist diese eine Sache? Das, Mönche, ist bewusst eine Lüge zu erzählen."

—Musāvādasuttaṃ von Saṃyutta Nikāya, Mahāvagga,
übersetzt aus dem Englischen nach Klaus Nothnagel

Tappen Sie nicht in diese Falle oder in die, irgendeiner anderen Form von falscher Rede, wie üble Nachrede, Geläster, Klatsch, harsche Worte oder jene, die einen gegen einen anderen aufbringen.

Bemühungen (*viriya*) sollten gemacht werden, um die guten Eigenschaften, die Sie bereits besitzen, zu erhalten und um diese Eigenschaften zu vermehren. Versuchen Sie Ihre schlechten Eigenschaften zu beseitigen und stellen Sie sicher, dass Sie keine neuen hinzufügen. Das ist die Essenz von *viriya*.

Zusätzlich ist ein gewisses Maß an Fleiß vonnöten, um diese lange Wanderung bis zum letztendlichen Ziel bewältigen zu können. Es braucht den Fleiß anzufangen, den Fleiß weiterzumachen, die Anstrengung von Moment zu Moment ohne rückfällig zu werden. In dem Moment, in dem die Bemühungen ausbleiben, beginnt Ihr Geist abzuschweifen oder Sie schlafen ein. Auf der anderen Seite ist eine zu große Anstrengung auch nicht gut und kann zu Spannungen führen. Das Bemühen ist ein Balanceakt. Nehme wir an, Sie haben einen Schmetterling gefangen. Wenn Sie den Schmetterling mit zu großer Kraft festhalten, zerdrücken Sie ihn. Wenn Sie ihn nicht mit ausreichend Anstrengung festhalten, fliegt er davon. In der Mitte liegt die Balance.

Sayagyi U Ba Khin soll gesagt haben, dass man weich wie eine Blume sein müssen und zugleich hart wie ein Stein. Bemühen (*viriya*) ist ein sehr wichtiges *pāramī*.

Sie befinden sich in einem Training. Sie trainieren, um ein besserer Mensch und letztendlich ein *arahant* zu werden. Das Training dauert lange, sehr lange, aber da Sie bereits damit begonnen haben, ist alles was Sie tun müssen, besser zu werden in dem, was sie gerade tun.

Mettā und Sie

Wie kann etwas, das nicht sichtbar, nur spürbar ist, eine positive Wirkung auf Sie und andere haben? Die Kraft des *mettā* zu verstehen ist nur möglich, wenn Sie selbst davon Gebrauch machen und sie erfahren. Eine gute Gelegenheit, um ein paar Minuten *mettā* zu praktizieren, bietet sich Ihnen am Ende Ihrer täglichen Sitzungen. Sie geben dabei in die von Ihnen wahrgenommen körperlichen Empfindungen Gedanken von liebevoller Güte für alle Wesen. Dazu zählen auch diejenigen, die Ihnen nahe stehen und die Ihnen wichtig sind. Das können Ihr Partner, Ihre Kinder, Ihre Freunde oder andere Familienmitglieder sein. Da Sie bereits positive Gefühle für sie empfinden, ist es gut mit diesen Personen zu beginnen. Im Trubel des Alltags mag es manchmal vorkommen, dass wir unaufmerksam sind und etwas sagen oder tun, das unsere Liebsten oder Bekannten vor den Kopf stößt. Vielleicht ist das vor langer Zeit passiert oder auch gerade erst heute. Wenn wir *mettā* praktizieren und dabei an diese Menschen denken, können erstaunliche Ergebnisse erzielt werden.

Ich habe das in meinen eigenen Leben und in dem meiner Freunde beobachten können. Ich habe gesehen, wie schwierige Ehen wieder eine gesunde Basis gefunden haben oder wie erkaltete oder zerbrochene Beziehungen mit anderen Familienmitgliedern bald wiederhergestellt waren. Die Kraft des *mettā* ist nicht zu unterschätzen.

Es kann nicht nur für die eigene Familie genutzt werden, sondern auch für Arbeitskollegen und Außenstehende. Mrs. Jocelyn King, eine von Sayagyi U Ba Khins Schülerinnen, gibt ein Beispiel aus Sayagyi U Ba Khins Leben: "Sayagyi wurde gebeten, Mitglied eines bestimmten Regierungskomitees zu werden. Zu Beginn, nachdem er der Gruppe beigetreten war, waren die anderen Mitglieder ihm gegenüber sehr feindlich gestimmt. Mit der Zeit hatte er die Situation umgedreht." Als Mrs. King ihn fragte, wie er dies geschafft habe, sagte er: "mit *mettā*."

In dieser Welt mit all ihren Negativitäten wird eine Person, die *mettā* in sich trägt, zu einer positiven Kraft und andere werden das erkennen. Goenkaji wäre nicht in der Lage gewesen, die gewaltige Aufgabe zu bewerkstelligen, das Dhamma auf der ganzen Welt zu verbreiten und das auch noch in einer so kurzen Zeit, ohne diese starken Schwingungen von *mettā*, die ihn die ganze Zeit umgaben. Dort wo Licht ist, kann keine Dunkelheit sein.

Einmal fand in San Francisco ein Meeting der Vipassana-Vereinigung Nordkaliforniens mit Goenkaji statt. Das Treffen sollten in einem Hotelzimmer abgehalten werden, dass zuvor vom Personal einer Fluggesellschaft als Übernachtungsmöglichkeit genutzt wurde. Da die Atmosphäre in diesem Raum unangenehm und mit negativen Schwingungen beladen war, schlugen wir vor, das Treffen in Goenkajis Zimmer abzuhalten, das, obwohl es sich im selben Hotel befand, einen sehr freundlichen Eindruck machte. Goenkajis Sekretär Yadav aber sagte: "Macht euch keine Sorgen, es wird kein Problem sein."

Als wir schließlich mit dem Aufzug nach oben fuhren, dorthin, wo das Treffen stattfinden sollte, vibrierte die Luft nur so vor *mettā* und sobald wir den Meeting-Raum betraten, änderte sich auch dort die Atmosphäre. *Mettā* allein war dafür verantwortlich.

Bitte behalten Sie *mettā* nicht nur denen vor, die Sie kennen. Es gibt überall so viele Wesen, die Leid erfahren. Es ist ein Teil des Lebens. Wenn Sie *mettā* praktizieren, stellen Sie sicher, dass Sie es mit allen Wesen teilen, unabhängig davon, ob sie Ihnen bekannt oder unbekannt sind und ob sichtbar oder unsichtbar. Umso mehr Menschen *mettā* praktizieren, desto stärker wird die Kraft des Guten in unser aller Leben sein.

Goenkajis allmorgendliche Rezitationen laden das Zentrum mit *mettā*-Schwingungen auf. Über die Jahre sammeln sich diese an und wenn Menschen das Zentrum betreten, fällt ihnen auf, wie friedlich es dort ist. Ja, es stimmt, dort ist es friedlich. Es ist das *mettā*, das sie spüren.

Vielleicht haben Sie während des Kurses die wilden Tiere auf dem Gelände und ihr Verhalten bemerkt. Im Zentrum in Massachusetts gibt es zum Beispiel viele Hasen, die normalerweise zu den sehr scheuen Tieren zählen. Diese Hasen aber leben in einer Dhamma-Atmosphäre, einer Atmosphäre des *mettā*. Wenn Sie bei einem Spaziergang an ihnen vorübergehen, lassen sich die Hasen nicht beirren und fressen weiter ihr Gras, als würden Sie nicht existieren. In Australien ist es das gleiche mit Kängurus, die für gewöhnlich sehr wild und schreckhaft sind. Nicht einmal die kleinen Känguru-Jungen lassen sich durch Ihre Präsenz aus der Ruhe bringen. Das sind die Ergebnisse des Praktizierens von *mettā* und des Nichtverletzens anderer.

Durch regelmäßiges Meditieren wird der Raum, den Sie für die Sitzungen nutzen, zu einem Ort, von dem andere Personen sagen werden: "Ah, es ist so friedlich hier." Sie werden diesen Eindruck gewinnen, auch wenn ihnen der Grund dafür unbekannt bleibt.

Was man aus Bücher lernen kann

Über die Lehre des Buddha wurden viele Bücher verfasst, die Auswahl ist riesig. Manche davon sind gut und manche davon sind nicht so gut, wie es mit den meisten Dingen so ist. Eine mögliche Bezugsquelle ist Pariyatti (www.pariyatti.org), das von einem Meditierenden gegründet wurde und eine breite Palette an Büchern, die in dieser Tradition begründet sind, anbietet. Darüber hinaus gibt es in Nordamerika auch Vertriebsstellen der Buddhist Publication Society (BPS) aus Sri Lanka und der Pali Text Society (PTS) aus England und auch viele Bücher des indischen Vipassana Research Institutes (VRI) werden dort angeboten.

Bücher über das Dhamma haben mir zum einen große Freude bereitet und zum anderen dabei geholfen, manche der Inhalte, die in den Abendvorträgen besprochen werden, besser zu verstehen. Für viele Jahre las ich jeden Abend vor dem Schlafengehen und diese Regelmäßigkeit hat mir, trotz eines geschäftigen Lebens, sehr dabei geholfen, eine Lese-Gewohnheit zu etablieren. Eine Lektüreliste mit Buchempfehlungen habe ich angehängt (Anhang II).

Pariyatti (der theoretische Aspekt des Dhamma) kann für Meditierende eine große Inspirationsquelle sein. Die Worte des Dhamma sind liebevoll und können uns dazu ermutigen, unsere Praxis zu vertiefen und mehr über die

Zeit als der Buddha lebte zu erfahren, kann uns Schwung in die richtige Richtung geben. Dennoch sollten Sie dafür eine Zeit wählen, die nicht für Ihre Meditationspraxis vorgesehen ist. Die *suttas* (Diskurse) sind wunderbar, das *Pāli* gibt ihnen einen besonderen Klang und Goenkaji macht in seinen Diskursen davon immer wieder Gebrauch. Daher ist es wichtig, dass Sie zumindest die Grundbegriffe, die immer wieder verwendet werden, mit der Zeit verstehen lernen. Wenn Sie aber in Ihrer Meditationspraxis an einem schwierigen Punkt stehen, versuchen Sie nicht, die Praxis durch Bücher zu ersetzen. Eine herausfordernde Situation kann es sein, wenn Sie Schwierigkeiten haben, eine Stunde am Stück zu meditieren oder Ihnen immer wieder etwas Wichtigeres dazwischen kommt. Vielleicht legen Sie sich Ausreden zurecht, um nicht sitzen zu müssen. Sobald Sie die Praxis mit Theorie austauschen, begeben Sie sich auf einen rutschigen Pfad, an dessen Ende Sie nicht mehr meditieren und den wertvollsten aller Juwelen verloren haben werden.

Halten Sie diese zwei Sachen auseinander. Das eine ist *suta-mayā paññā* (etwas, das Sie gehört haben) und das andere ist *bhāvanā-mayā paññā* (etwas, das Sie selbst erfahren haben). Dies ist ein Pfad der Erfahrung. Man kann für Äonen Bücher lesen und Texte studieren und dennoch hat man sich keinen Zentimeter auf dem Pfad des Dhamma bewegt. Webu Sayadaw, der Sayagyi U Ba Khin und allen, die ihn kennengelernt haben, eine immense Inspirationsquelle war, wurde von vielen als *arahant* angesehen. Nachdem er Mönch wurde, wurde ihm bald klar, dass, um das letztendliche Ziel zu erreichen, er das Lehrkloster, in dem einem nur die *suttas* beigebracht wurden, verlassen und er in den

Dschungel gehen musste, um Vipassana zu praktizieren. Er verstand, dass ihm das Studieren von Texten nicht helfen würde, die völlige Befreiung zu erreichen. Sein Ziel war die völlige Befreiung und nicht intellektuelles Verstehen. Seine Entscheidung stellte sich als richtig heraus und so wird es auch für Sie sein. Webu Sayadaw verstand, dass lediglich das Lesen von Büchern für jemanden, der die entsprechenden *pāramīs* mitbringt, um zu meditieren, eine Sackgasse darstellt. Meditieren Sie deshalb regelmäßig!

Zusammenfassung

Wie ein Gruppenleiter, der jüngere Pfadfinder unter seine Fittiche nimmt, damit sie die Techniken aus dem Pfadfinderhandbuch erfolgreich anwenden lernen, hoffe ich, dass dieses Buch Ihnen beim Lösen der Knoten von Hass, Gier und Illusion, die einen großen Teil unseres Wesens einnehmen, eine Unterstützung bietet. Durch Kontinuität und richtige Anwendung der Technik wird Erfolg eintreten. Er kann nicht durch die Nähe zu einer Person, die höhere Entwicklungsstufen erlangt hat, erreicht werden. Er kann nicht durch das Lesen von Büchern, das Hören von Diskursen oder Gesängen erreicht werden. Er kann nicht von Eltern an das Kind weitergegeben werden. Erfolg kann nur durch die eigene Praxis entstehen. Das Ergebnis wird entsprechend der aufgewendeten, richtigen Bemühung sein.

Das Pfadfinderhandbuch hilft jungen Pfadfindern in der Natur eine unvergessliche Zeit zu haben. Sie lernen, wie man die Dinge geschickt und richtig anpackt, sodass niemand dabei verletzt wird. Hoffentlich ermöglicht Ihnen dieses Handbuch ebenso ein friedliches und glückliches Leben. Wenn Sie anfangen, die Dinge so zu sehen, wie sie sind, wird Negatives Ihnen nichts mehr anhaben können und Ihr Wesen wird freundlicher und leichter. Und das ist alles, worum es geht! Wenn die Dunkelheit verschwindet, ist alles was bleibt, das Licht.

Wenn Sie Ihr Ziel nicht vor Augen haben, besteht die Gefahr, dass Sie Ihr gesamtes Leben verschwenden und selbst wenn Sie nur ein kleines bisschen daneben zielen, werden Sie Ihr Ziel verfehlen. Sie mögen sehr hart arbeiten, aber es wird Ihnen dann nichts helfen.

Das Ziel von *sīla* (Tugend), *samādhi* (Konzentration) und *paññā* (Weisheit) ist alleinig die Befreiung. Wenn diese Ziele sich nicht gegenseitig unterstützen, arbeiten Sie nicht auf die Art und Weise, auf die der Buddha uns gelehrt hat zu arbeiten. Jedes stützt das jeweils andere. Jedes ist auf solch eine Weise verbunden, dass es dem anderen hilft. Mit dem richtigen Ziel vor Augen, werden Sie auf die korrekte Art und Weise in Richtung eines glücklicheren Lebens arbeiten.

Lassen Sie uns ein paar der behandelten Themen erneut betrachten und uns das Wesentliche nochmals vor Augen führen. Tägliches Meditieren und tugendhafte Handlungen sollten die Basis Ihrer Bemühung sein. Ohne diese werden die Ergebnisse ausbleiben und Sie werden schon bald aufhören, weitere Anstrengungen zu unternehmen.

Bleiben Sie standhaft und befolgen Sie diese zwei grundlegenden Elemente des Pfades:

Behalten Sie im Hinterkopf, sich vor törichten Menschen in Acht zu nehmen und gehen Sie ihnen wenn möglich aus dem Weg. Versuchen Sie stattdessen, Freundschaften mit anderen Meditierenden und solchen Menschen zu entwickeln, die andere respektieren und ein anständiges Leben führen. Wie der Buddha sagte, sind Freunde der ganze Pfad. Sie werden Ihnen helfen zu wachsen und Sie werden dasselbe für sie tun.

Ein Verbrennungsmotor benötigt Treibstoff, Luft, Druck und einen Funken, der die Verbrennung in Gang setzt, welche den Motor betreibt und schließlich Energie erzeugt. Und all das in der richtigen Menge und zur rechten Zeit. Wenn Sie auf die richtige Art und Weise praktizieren, werden alle Elemente in den benötigten Mengen zusammenkommen, Sie werden Energie erzeugen und sich auf dem Pfad nach vorne bewegen. Ihre Tage und Ihr Leben werden von Freude erfüllt sein.

Als ich das erste Mal nach Myanmar reiste und einige Schüler von Sayagyi U Ba Khin traf, wurde mir eines klar: Diese Leute sind ganz gewöhnlich. Sie waren gewöhnlich auf eine positive, gesunde und harmonische Weise. Sie hatten keine harten Kanten, lachten viel und hatten Humor. Ich kenne niemanden, der einen besseren Humor hatte als Goenkaji. Er hatte immer schnell einen Witz parat. Bei vielen meiner Dhamma-Freunde ist es genauso.

Das Wunderbare an dieser Technik ist, dass sich ihr Nutzen hier und jetzt zeigt. Sie müssen nicht auf irgendein nächstes Leben warten, um die Ergebnisse Ihrer Bemühung zu erhalten. Jeder Schritt auf dem Pfad bringt Sie näher an das Ziel und die Veränderung können Sie in Ihrem Leben spüren.

Den schwierigsten Teil, den Pfad zu finden und den ersten Schritt darauf zu tun, haben Sie bereits hinter sich. Jetzt müssen Sie nur noch vorwärts gehen. Machen Sie Gebrauch von der Unterstützung, die sich Ihnen dabei bietet. Mögen Sie im Dhamma wachsen, mögen Sie im Dhamma strahlen und mögen Sie wirklich glücklich sein.

Anhang I
Wie man zuhause einen Meditationsplatz einrichtet

Um den größten Nutzen aus Ihren täglichen Meditationssitzungen zu ziehen, ist es sinnvoll, dafür einen Ort zu haben, der für nichts anderes genutzt wird. Er sollte so geschaffen sein, dass Sie nicht ständig darüber hinweg steigen müssen oder dort anderweitig Unruhe erzeugen. Im Folgenden möchte ich Ihnen ein paar Beispiele nennen, wie andere Meditierende bei der Wahl ihres Meditationsplatzes vorgegangen sind.

Die einfachste Lösung ist es, sich einen Raumteiler zu kaufen, wie sie bei vielen Einrichtungshäusern und Baumärkten angeboten werden. Stellen Sie diesen in die Ecke oder ans Ende eines Raumes und schaffen so einen separaten Platz, der nur für die Meditation genutzt wird.

Ein Freund in Seattle mit einem sehr großen Wohnzimmer baute eine leichte, auf einen Holzrahmen gespannte Papierwand, ähnlich den japanischen Shojis, um das gesamte Ende des Raumes abzutrennen. Es gibt eine Tür und vier bis fünf Personen können dahinter ohne Weiteres sitzen.

Ein Paar, das ich aus San Diego kenne, hat in seinem Haus zwei angrenzende Büroräume mit einer Tür verbunden, die dann für Meditationssitzungen geöffnet wird; man setzt sich auf die die jeweilige Seite der Tür und schafft so einen kleinen, schnell errichteten Meditationsraum.

Ein Freund in England hat seinen unfertigen Dachboden in einen Meditationsraum umgebaut. Da es keine Leiter gibt, springt er immer auf den Pfosten des

Geländers und zieht sich von dort nach oben durch die Dachbodentür. Von dort klettert er vorsichtig über die Sparren in das Eck, das er für sich ausgebaut hat. Der Bereich ist mit Sperrholz und Teppich verkleidet und bietet Platz für vier Leute. Empfohlen jedoch nur für Starke und Bewegliche.

Ein anderer Freund installierte eine Klappleiter, die zu einem ungenutzten Bereich des Dachbodens führt und machte ihn mit Rigipsplatten und Teppich wohnlich. Wann immer er und seine Frau meditieren wollen, fahren sie die Leiter aus und klettern hinauf. Ein Szenario, das ich ein paar Mal beobachten durfte.

Ich benutze einen geschlossenen Anbau auf der Rückseite des Hauses als Meditiationsraum. Zunächst war der Bereich nur durch einen Vorhang abgetrennt, nach einigen Jahren aber renovierte ich den Raum komplett mit Rigips, neuen Teppichen, einem bunten Fenster und einer antiken Tür, sodass es dort heute sehr gemütlich ist.

Meine Nachbarin trennte einen Teil ihrer Garage ab, um einen separaten Raum zu schaffen, der ungefähr die Hälfte der gesamten Garagenfläche misst. Jetzt hat sie zwar nur noch für ein Auto Platz, dafür aber in der anderen Hälfte einen schönen Meditationsraum.

Viele Leute haben sich auch separate Meditationsräume außerhalb der Häuser gebaut. Ein Freund, der in der Nähe eines Flughafens lebt, baute einen Meditationsraum mit doppelten Wänden und dicken Fensterläden. Selbst wenn ein Jet auf der anderen Straßenseite abhob, hörte man drinnen davon nichts. Um lange Wege in Regen und Kälte zu vermeiden, bietet es sich an, solche Räume nicht allzu weit vom Haus entfernt zu errichten. Entscheidet man sich für diese

Option, wählt man zwar die teuerste, aber man bekommt dafür genau das, was man will.

Auch Schuppen können zu Meditationsräumen umfunktioniert werden und ich habe ein paar schöne solcher Umbauten gesehen. Vor allem auf dem Land, wo viele Schuppen zur Verfügung stehen, bietet sich das an.

Wenn Sie gerade ein Haus bauen, können Sie einen Meditationsraum natürlich gleich mit einplanen. Dachböden oder andere Räume, die nur schwer als vollwertige Zimmer genutzt werden können, bieten sich bei der Hausplanung dafür an. Wie Sie sehen, kann ein Meditationsraum sehr unterschiedlich aussehen. Er kann klein sein, nur eine Ecke mit einem Kissen, oder größer und ausgefeilter, bis hin zu einem explizit für die Meditation vorgesehenen Gebäude. Das Ziel ist einen Ort zu haben, der nur für die Meditation genutzt wird und sich irgendwo bei Ihnen zuhause befindet.

Anhang II
Empfohlene Dhamma-Literatur

Bücher zu Vipassana

*The Art of Living**, Bill Hart

Sayagyi U Ba Khin Journal (VRI)

The Clock of Vipassana has Struck, Sayagyi U Ba Khin

*Discourse Summaries**, S.N. Goenka

For the Benefit of Many - Vorträge und Antworten auf Fragen von Vipassana-Meditierenden aus den Jahren 1983-2000, S.N. Goenka (VRI).

The Essentials of Buddha Dhamma in Meditative Practice, Sayagyi U Ba Khin

Karma and Chaos, Paul Fleischman

[*auch in deutscher Sprache erhältlich]

Einführende Bücher über das Dhamma

What the Buddha Taught, Walpola Rahula

Dhammapada, Daw Mya Tin

The Buddha's Ancient Path, Piyadassi Thera

In the Buddha's Word, An Anthology, Bhikkhu Bodhi

Inspirierende Bücher über das Dhamma

Going Forth, Sumana Samanera (A BPS Wheel Publication)

The Buddha and His Disciples, Hellmuth Hecker, Venerable Nyanaponika Thera und Bhikku Bodhi

Letters from the Dhamma Brothers, Jenny Phillips

Historische Bücher über den Buddha

The Life of the Buddha, Ñāṇamoli Thera – historisch und inspirierend

The Search for the Buddha, (ursprünglich veröffentlicht als *The Buddha and the Sahibs*), Charles Allen

The Historical Buddha, H.W. Schumann – das Buch gibt einen interessanten Einblick in den historischen und sozialen Kontext von Buddhas Leben und Lehre (Meditation wird allerdings nicht thematisiert).

Weiterführende Bücher über das Dhamma

The Udana, John Ireland

The Manuals of Dhamma, Ledi Sayadaw

Pāli lernen - Grundlagen

The Gem Set in Gold – Auflistung der rezitativen Gesänge aus dem 10-Tage-Kurs mit Übersetzung – gut, um Pāli zu lernen

The Pāli Workbook – Lynn Martineau

Bücher für Pilger

Along the Path, Kory Goldberg & Michelle Décary

Middle Land Middle Way, Venerable S. Dhammika

Auf www.pariyatti.org wurden viele wertvolle Ressourcen zusammengetragen und können dort heruntergeladen werden, weshalb sich ein Besuch lohnt. Auch die oben aufgelisteten Bücher sollten dort zu kaufen sein, sowie CDs/MP3s und Videos/MP4s. In Deutschland werden diese Bücher und teilweise deren Übersetzungen von www.ayana-book.com vertrieben.

Vipassana Meditationszentren

Vipassana Meditationskurse in der Tradition von Sayagyi U Ba Khin, wie gelehrt von S. N. Goenka, werden regelmäßig weltweit in vielen Ländern durchgeführt.

Informationen, weltweite Kursprogramme und Anmeldeformulare sind auf der Vipassana-Website verfügbar: www.dhamma.org

ÜBER PARIYATTI

Pariyatti wurde ins Leben gerufen, um bezahlbaren Zugang zur authentischen Lehre des Buddhas über das Dhamma (*pariyatti*) und die Vipassana Meditationspraxis (*paṭipatti*) zu ermöglichen. Als gemeinnützige Organisation, nach Verordnung 501(c)(3), finanziert sich Pariyatti seit 2002 durch Beiträge von Privatpersonen, die die nicht in Wert zu setzende Lehre des Dhamma zu schätzen wissen und teilen wollen. Um mehr über das Programm, die Angebote und Möglichkeiten, den Verlag zu unterstützen, zu erfahren, laden wir Sie herzlich zu einem Besuch auf www.pariyatti.org ein.

Pariyatti Imprints

Vipassana Research Publications (fokussiert sich auf Vipassana wie gelehrt von S.N. Goenka in der Tradition von Sayagyi U Ba Khin)

BPS Pariyatti Editions (ausgewählte Titel der Buddhist Publication Society, mit herausgegeben von Pariyatti in Amerika)

Pariyatti Digital Editions (Audio und Video-Aufzeichnungen, einschließlich Diskurse)

Pariyatti Press (Neuauflagen klassischer Werke und inspirierende Bücher von zeitgenössischen Autoren)

Pariyatti

- verbreitet die Lehre Buddhas,
- unterstützt Suchende auf ihrem Weg,
- erhellt den Pfad für Meditierende und bereichert so die Welt.